Edgar Allan Poe

Die Morde in der Rue Morgue
Der Untergang des Hauses Usher

Edgar Allan Poe

Die Morde in der Rue Morgue

Der Untergang des Hauses Usher

Aus dem amerikanischen
Englisch von Kai Kilian

Anaconda

Titel der amerikanischen Originalausgaben: *The Murders in the Rue Morgue* (*Graham's Lady's and Gentleman's Magazine*, Philadelphia 1841), *The Fall of the House of Usher* (*Burton's Gentleman's Magazine*, Philadelphia 1839). Die Übertragungen von Kai Kilian erschienen zuerst in der zweisprachigen Ausgabe Edgar Allan Poe: *The Fall of the House of Usher / Der Untergang des Hauses Usher*. Köln: Anaconda Verlag 2007.

Die Deutsche Nationalbibliothek verzeichnet diese Publikation in der Deutschen Nationalbibliografie; detaillierte bibliografische Daten sind im Internet unter http://dnb.d-nb.de abrufbar.

© 2008 Anaconda Verlag GmbH, Köln
Alle Rechte vorbehalten.
Umschlagmotiv: William Edouard Scott (1884–1964), »Rainy Night, Etaples«, © Indianapolis Museum of Art, USA / Gift of a Group of African-American Citizens of Indianapolis / bridgemanart.com
Umschlaggestaltung: agilmedien, Köln
Satz und Layout: GEM mbH, Ratingen
Printed in Czech Republic 2008
ISBN 978-3-86647-302-7
info@anaconda-verlag.de

Inhalt

DIE MORDE IN DER RUE MORGUE

Welches Lied die Sirenen sangen oder welchen
Namen Achilles sich gab, als er sich bei den Frauen
versteckte, das sind zwar schwierige Fragen, doch
liegen sie nicht jenseits *aller* Mutmaßung.

Sir Thomas Browne

Die geistigen Fähigkeiten, die man die analytischen nennt, sind,
an und für sich, der Analyse kaum zugänglich. Wir nehmen sie
nur in ihren Effekten wahr. Unter anderem wissen wir von ihnen,
dass sie ihrem jeweiligen Besitzer, falls er sie denn im Überfluss
besitzt, stets eine Quelle des lebhaftesten Vergnügens sind. So
wie der Starke über seine physischen Fähigkeiten jubelt und sich
an allen Übungen erfreut, die seine Muskeln in Aktion setzen,
so schwelgt der Analytiker in jener mentalen Tätigkeit, die *ent-
wirrt*. Selbst aus den banalsten Beschäftigungen, die sein Talent
ins Spiel bringen, schöpft er Genuss. Er schätzt Rätsel, Wort-
spiele, Hieroglyphen; und bei jeder Lösung derselben offenbart
er einen Grad an *Scharfsinn*, der dem Durchschnittsverstand
übernatürlich erscheint. Seine Resultate, zustande gebracht allein
durch echte und präzise Methode, haben in Wirklichkeit ganz
den Anschein der Intuition.

Die Fähigkeit zur Auf-Lösung wird möglicherweise durch das
Studium der Mathematik erheblich gefördert, und speziell jenes
höchsten ihrer Zweige, den man, zu Unrecht und wohl nur seiner
rückbezüglichen Operationen wegen, gleichsam *par excellence*
Analysis genannt hat. Doch Rechnen ist noch nicht Analysieren.
Ein Schachspieler zum Beispiel tut das eine, ohne dabei das andere zu leisten. Es folgt daraus, dass man das Schachspiel in seiner Wirkung auf die geistige Disposition in höchstem Maße miss-

versteht. Ich schreibe hier nun keine Abhandlung, sondern werde eine etwas seltsame Erzählung lediglich durch einige ziemlich beiläufige Bemerkungen einleiten; ich möchte daher die Gelegenheit nutzen, um zu behaupten, dass die höheren Kräfte des reflexiven Intellekts durch das schlichte Damespiel entschiedener und nutzbringender beansprucht werden als durch die ausgeklügelten Nichtigkeiten des Schachspiels. Bei Letzterem, in dem die Figuren unterschiedliche und *bizarre* Bewegungsmuster mit verschiedenen und veränderlichen Wertigkeiten haben, wird (ein nicht ungewöhnlicher Irrtum) das, was nur komplex ist, fälschlicherweise für tiefgründig gehalten. Hier spielt die *Aufmerksamkeit* die Hauptrolle. Erlahmt sie für einen Moment, so passiert ein Versehen, das zu Verlust oder Niederlage führt. Da die möglichen Züge nicht nur vielfältig, sondern auch verworren sind, vervielfacht sich die Wahrscheinlichkeit solcher Versehen; und in neun von zehn Fällen ist es eher der konzentriertere als der scharfsinnigere Spieler, der gewinnt. Beim Damespiel hingegen, in dem die Züge *eindeutig* sind und kaum variieren, ist eine Unachtsamkeit weniger wahrscheinlich, und da die Aufmerksamkeit vergleichsweise unbeschäftigt ist, werden die Vorteile, die eine Partei jeweils erringt, durch überlegenen *Scharfsinn* errungen. Um weniger abstrakt zu sein: Stellen wir uns eine Damepartie vor, bei der die Spielsteine auf vier Damen reduziert sind und bei der gewiss kein Versehen zu erwarten ist. Offensichtlich kann hier der Sieg (die Spieler sind sich ebenbürtig) nur durch irgendeinen *recherché* Zug entschieden werden, das Resultat einer starken Anstrengung des Intellekts. Gewöhnlicher Hilfsmittel beraubt, versetzt sich der Analytiker in den Geist seines Gegners, identifiziert sich mit ihm und erkennt so nicht selten auf einen Blick die einzigen Methoden (bisweilen wirklich absurd einfache), mit denen er den andern zu Fehlern verleiten oder in falsche Berechnungen drängen kann.

Das Whistspiel ist seit Langem bekannt für seinen Einfluss auf das sogenannte Berechnungsvermögen; und von den größten Geistern weiß man, dass sie an ihm ein unerklärliches Vergnügen haben, während sie das Schachspiel als belanglos verwerfen. Ohne Zweifel gibt es nichts Vergleichbares, das die analytischen Fähigkeiten in derart hohem Maße fordert. Der beste Schachspieler der Christenheit *braucht* kaum mehr zu sein als der beste Schach-Spieler; doch Könnerschaft im Whist impliziert das Vermögen, in all den wichtigeren Unternehmungen erfolgreich zu sein, bei denen Geist gegen Geist streitet. Wenn ich Könnerschaft sage, so meine ich jene Perfektion im Spiel, die ein Verständnis *aller* Quellen einschließt, aus denen sich legitimer Vorteil ziehen lässt. Diese sind nicht nur zahlreich, sondern auch vielgestaltig und liegen oft in Nischen des Denkens, die dem Durchschnittsverstand völlig unzugänglich sind. Aufmerksames Beobachten ist genaues Erinnern; und insofern wird sich der konzentrierte Schachspieler beim Whist ganz gut machen; wobei die Spielregeln von Hoyle (die auf dem bloßen Mechanismus des Spiels basieren) hinreichend und allgemein verständlich sind. Und so sind ein aufnahmefähiges Gedächtnis und ein Vorgehen ›nach dem Lehrbuch‹ Punkte, die man gemeinhin für die Summe guten Spielens hält. Doch es sind Dinge jenseits der Grenzen bloßer Regeln, bei denen sich die Kunst des Analytikers zeigt. In aller Stille macht er eine Heerschar von Beobachtungen und zieht Schlüsse daraus. Seine Mitspieler tun vielleicht dasselbe; und doch liegt der Unterschied im Umfang der gewonnenen Information weniger in der Stichhaltigkeit des Schlusses als in der Qualität der Beobachtung. Es ist notwendig, zu wissen, *was* man beobachten muss. Unser Spieler beschränkt sich in keiner Weise; auch lehnt er, weil das Spiel die Hauptsache ist, keine Rückschlüsse aus Dingen ab, die außerhalb des Spiels liegen. Er prüft die Miene seines Partners und vergleicht sie sorgfältig mit der eines jeden seiner Gegner. Er achtet darauf, auf welche Weise in jeder Hand die Karten sortiert werden; oft zählt er Trumpf auf Trumpf, Honneur auf Honneur an den Blicken ab, die ihre Besitzer ihnen jeweils widmen. Im Verlauf des Spiels registriert er jede Veränderung in den Gesichtern und trägt eine Fülle von Gedanken zusammen über die Unterschiede im Ausdruck von Sicherheit, Überraschung, Triumph oder Verdruss. Anhand der Art, wie jemand einen Stich aufnimmt, beurteilt er, ob der Betreffende noch einen weiteren in dieser Farbe machen kann. Er erkennt eine Finte an der Art, mit der das Blatt auf den Tisch geworfen wird. Ein beiläufiges oder unbedachtes Wort; das versehentliche Fallenlassen oder Aufdecken einer Karte und die es begleitende Ängstlichkeit oder Gleichgültigkeit, sie zu verbergen; das Zählen der Stiche und die Art ihrer Anordnung; Verlegenheit, Zögern, Eifer oder Beklemmung – alles liefert seiner scheinbar intuitiven Wahrnehmung Hinweise auf den wahren Stand der Dinge. Wenn die ersten zwei oder drei Runden gespielt sind, weiß er genau, wer welches Blatt auf der Hand hat, und von da an spielt er seine eigenen Karten mit einer so absoluten Zielsicherheit aus, als hätte der Rest der Gesellschaft die Bildseiten der ihren nach außen gekehrt.

Man sollte das analytische Vermögen nicht mit simplem Einfallsreichtum verwechseln; denn während der Analytiker notwendig einfallsreich ist, ist der Einfallsreiche oft bemerkenswert unfähig zur Analyse. Die konstruktive oder kombinatorische Kraft, durch die sich Einfallsreichtum gewöhnlich äußert und der die Phrenologen (ich glaube, irrtümlich) ein separates Organ zugewiesen haben, da sie sie für eine urzeitliche Fähigkeit hielten, wurde so häufig bei denjenigen gesehen, deren Verstand im Übrigen an Schwachsinn grenzte, dass sie unter den Moralschriftstellern allgemeine Beachtung gefunden hat. Zwischen Einfallsreichtum und analytischer Fähigkeit besteht gewiss ein weitaus größerer Unterschied als zwischen Phantasie und Vorstellungskraft, doch ist er von streng analogem Charakter. Man wird in der Tat feststellen, dass die Einfallsreichen stets phantasievoll sind, während *wahre* Vorstellungskraft nie anders als analytisch ist.

Die folgende Erzählung wird dem Leser fast wie ein Kommentar zu den soeben aufgestellten Behauptungen erscheinen.

Als ich mich während des Frühlings und eines Teils des Sommers 18.. in Paris aufhielt, machte ich dort die Bekanntschaft eines Monsieur C. Auguste Dupin. Dieser junge Gentleman stammte aus einer vornehmen – sogar illustren Familie, war jedoch durch verschiedene widrige Ereignisse in solche Armut geraten, dass darunter seine Willenskraft schwand und er aufhörte, sich an der Welt zu beteiligen oder sich um die Wiedererlangung seines Vermögens zu kümmern. Durch das Wohlwollen seiner Gläubiger war ihm ein kleiner Rest seines väterlichen Erbteils geblieben; und mit dem Einkommen, das sich daraus ergab, schaffte er es durch rigorose Sparsamkeit, für die Notwendigkeiten des Lebens zu sorgen, ohne sich um dessen Entbehrlichkeiten zu scheren. Tatsächlich waren Bücher sein einziger Luxus, und die sind in Paris leicht zu bekommen.

Wir begegneten uns zum ersten Mal in einer obskuren Buchhandlung in der Rue Montmartre, wo uns der Zufall, dass wir beide auf der Suche nach demselben sehr seltenen und merkwürdigen Buch waren, in engere Verbindung brachte. Wir sahen uns wieder und wieder. Ich war höchst interessiert an seiner kleinen Familiengeschichte, die er mir mit all jener Freimütigkeit erzählte, die ein Franzose sich gönnt, wann immer er von sich selbst spricht. Auch war ich sehr erstaunt über seine ungeheure Belesenheit; und vor allem begeisterten mich die wilde Leidenschaftlichkeit und lebhafte Frische seiner Vorstellungskraft. Da ich die Dinge, die ich damals suchte, eben in Paris suchte, fühlte ich, dass die Gesellschaft eines solchen Mannes mir unschätzbar wertvoll wäre; und dieses Gefühl gestand ich ihm freiheraus. Es wurde schließlich vereinbart, dass wir während meines Aufenthalts in der Stadt zusammen wohnen sollten; und da meine Lebensverhältnisse etwas weniger peinlich waren als die seinen, blieb es mir überlassen, die Kosten für Miete und Einrichtung (in einem Stil, der der geradezu phantastischen Düsterkeit unser beider Gemütsart entsprach) eines altersschwachen und grotesken Hauses zu übernehmen, das wegen eines Aberglaubens, dem wir nicht nachforschten, lange leergestanden hatte und nun in einem abgelegenen und trostlosen Teil des Faubourg St. Germain seinem Einsturz entgegentaumelte.

Hätte die Welt um unsere Lebensgewohnheiten dort gewusst, man hätte uns für Verrückte gehalten – wenn auch, vielleicht, für Verrückte harmloser Natur. Unsere Abgeschiedenheit war vollkommen. Wir empfingen keine Besucher. In der Tat war unser Rückzugsort vor meinen früheren Bekannten sorgfältig geheim gehalten worden; und Dupin hatte schon vor vielen Jahren damit aufgehört, in Paris jemanden zu kennen oder gekannt zu werden. Wir existierten allein in uns selbst.

Es war eine Marotte meines Freundes (denn wie sollte ich es sonst nennen?), in die Nacht um ihrer selbst willen verliebt zu sein; und in diese *bizarrerie*, wie in all seine anderen, verfiel ich gelassen; ich überließ mich seinen seltsamen Launen mit vollkommener *Hingabe*. Die schwarze Gottheit wollte zwar nicht immer selbst bei uns bleiben; aber wir konnten ihre Gegenwart vortäuschen. Beim ersten Morgengrauen schlossen wir alle massigen Fensterläden unseres alten Gebäudes und zündeten einige stark parfümierte Wachskerzen an, die nur die kläglichsten und geisterhaftesten Strahlen aussandten. Mit ihrer Hilfe beschäftigten wir dann unsere Seelen mit Träumereien – lasen, schrieben und unterhielten uns, bis die Uhr uns den Anbruch der wahren Dunkelheit ankündigte. Dann machten wir uns auf in die Straßen, Arm in Arm, führten die Themen des Tages fort, wanderten umher bis tief in die Nacht und suchten in den wilden Lichtern und Schatten der dichtbevölkerten Stadt jene Grenzenlosigkeit geistiger Erregung, die gelassenes Betrachten hervorrufen kann.

Bei solchen Gelegenheiten konnte ich nicht umhin, an Dupin ein eigentümliches analytisches Vermögen zu bemerken und zu bewundern (obwohl ich durch seine reiche Vergeistigtheit vorbereitet war, es zu erwarten). Auch schien er ein eifriges Vergnügen in dessen Anwendung zu finden – wenn nicht gar in dessen Zurschaustellung –, und er zögerte nicht, den Genuss zuzugeben, den er darin fand. Er rühmte sich mir gegenüber, mit leisem, kicherndem Lachen, dass für ihn die meisten Menschen offene Bücher seien, und pflegte solchen Behauptungen direkte und sehr verblüffende Beweise für seine intimen Kenntnisse meines eigenen Innenlebens folgen zu lassen. In solchen Momenten verhielt er sich kalt und abstrakt; seine Augen waren ausdruckslos; während seine Stimmlage, gewöhnlich ein voller Tenor, sich zu einem Diskant erhob, der ohne die Bedächtigkeit und völlige Deutlichkeit der Artikulation gereizt geklungen hätte. Wenn ich ihn in solchen Stimmungen beobachtete, sinnierte ich oft über die alte philosophische Lehre von der zweigeteilten Seele und amüsierte mich mit der Einbildung eines doppelten Dupins – eines schöpferischen und eines auflösenden.

Man darf aus dem soeben Gesagten nicht folgern, dass ich hier irgendein Mysterium schildere oder eine Phantasiegeschichte schreibe. Was ich an dem Franzosen beschrieben habe, war lediglich das Resultat einer überreizten, vielleicht einer krankhaften Intelligenz. Ein Beispiel wird am besten eine Vorstellung davon vermitteln, welcher Art seine Bemerkungen zu solchen Zeiten waren.

Wir schlenderten eines Nachts eine lange schmutzige Straße entlang, in der Nähe des Palais Royal. Beide waren wir offensichtlich mit Gedanken beschäftigt, und für mindestens fünfzehn Minuten hatte keiner von uns eine Silbe gesprochen. Ganz plötzlich stieß Dupin diese Worte hervor:

»Er ist ein ziemlich kleiner Kerl, das ist wahr, und er würde besser ins *Théâtre des Variétés* passen.«

»Daran ist nicht zu zweifeln«, erwiderte ich unwillkürlich und ohne zunächst (so sehr war ich ins Nachdenken vertieft) die außergewöhnliche Art zu bemerken, in der der Sprecher mit meinen

Betrachtungen im Einklang war. Einen Augenblick später besann ich mich, und mein Erstaunen war ungeheuer.

»Dupin«, sagte ich ernst, »das ist mir unbegreiflich. Geradeheraus sage ich, dass ich überwältigt bin und kaum meinen Sinnen trauen kann. Wie nur konnten Sie wissen, dass meine Gedanken gerade bei …?« Hier hielt ich inne, um ganz sicherzugehen, dass er wirklich wusste, an wen ich dachte.

»… Chantilly waren«, sagte er, »warum sprechen Sie nicht weiter? Sie sagten sich gerade, dass seine winzige Gestalt ihn für die Tragödie untauglich macht.«

Genau das war der Gegenstand meiner Überlegungen gewesen. Chantilly war ein *ehemaliger* Flickschuster aus der Rue St. Denis, der sich, bühnennärrisch geworden, in der *rôle* des Xerxes in Crébillons gleichnamiger Tragödie versucht hatte und für seine Mühe gründlich mit Pasquinaden bedacht worden war.

»Verraten Sie mir, um Himmels willen«, forderte ich, »die Methode – falls es eine Methode gibt –, die es Ihnen ermöglicht hat, in dieser Angelegenheit mein Innerstes auszuforschen.« Eigentlich war ich sogar noch verblüffter, als ich hätte zum Ausdruck bringen wollen.

»Es war der Obsthändler«, gab mein Freund zurück, »der Sie zu dem Schluss brachte, dass der Sohlenflicker nicht groß genug sei für Xerxes *et id genus omne*.«

»Der Obsthändler! – Sie erstaunen mich – ich kenne überhaupt keinen Obsthändler.«

»Der Mann, der Sie anrempelte, als wir in diese Straße kamen – es mag fünfzehn Minuten her sein.«

Ich erinnerte mich jetzt, dass in der Tat ein Obsthändler, einen großen Korb mit Äpfeln auf dem Kopf, mich versehentlich beinahe umgestoßen hätte, als wir von der Rue C… in die Durchgangsstraße einbogen, in der wir standen; doch was das mit Chantilly zu tun hatte, war mir völlig unverständlich.

Dupin hatte auch nicht die Spur von *charlatanerie* an sich. »Ich werde es erklären«, sagte er, »und damit Sie das Ganze klar nachvollziehen können, werden wir zunächst den Gang Ihrer Betrachtungen zurückverfolgen, von dem Moment, als ich mit Ihnen sprach, bis zu dem der *rencontre* mit dem besagten Obsthändler. Die größeren Glieder der Kette sind folgende – Chantilly, Orion, Dr. Nichol, Epikur, Stereotomie, die Pflastersteine, der Obsthändler.«

Es gibt nur wenige Menschen, die sich nicht zu irgendeiner Zeit ihres Lebens damit amüsiert haben, die Schritte zurückzuverfolgen, durch die ihr eigener Geist zu bestimmten Schlüssen gelangt ist. Diese Beschäftigung ist oft äußerst interessant; und wer es zum ersten Mal versucht, ist verwundert über die scheinbar grenzenlose Distanz und Zusammenhanglosigkeit zwischen Ausgangspunkt und Ziel. Wie groß also muss meine Verblüffung gewesen sein, als ich den Franzosen das sagen hörte, was er gerade gesagt hatte, und ich nicht anders konnte, als anzuerkennen, dass es die Wahrheit war. Er fuhr fort:

»Wenn ich mich recht erinnere, hatten wir über Pferde gesprochen, kurz bevor wir die Rue C… verließen. Das war das letzte Thema, das wir diskutierten. Als wir in diese Straße einbogen, eilte ein Obsthändler mit einem großen Korb auf dem Kopf an uns vorüber und drängte Sie gegen einen Haufen Pflastersteine, die an einer Stelle aufgeschüttet lagen, wo die Straße ausgebessert wird. Sie traten auf eines der losen Bruchstücke, glitten aus, verstauchten sich leicht den Knöchel, schienen ärgerlich oder mürrisch, murmelten ein paar Worte, drehten sich um, um sich den Haufen anzusehen, und gingen dann schweigend weiter. Ich habe nicht sonderlich darauf geachtet, was sie taten; doch das Beobachten ist mir in letzter Zeit zu einer Art Notwendigkeit geworden.

Sie hielten Ihre Augen auf den Boden gerichtet – und blickten mit einem verdrossenen Ausdruck auf die Löcher und Furchen des Pflasters (sodass ich merkte, dass Sie noch immer an die Steine dachten), bis wir die kleine Gasse erreichten, Lamartine

genannt, die versuchsweise mit ineinandergreifenden und fest ge-
fügten Steinen gepflastert worden ist. Hier hellte Ihre Miene sich
auf, und als ich Ihre Lippen sich bewegen sah, konnte ich nicht
daran zweifeln, dass Sie das Wort ›Stereotomie‹ murmelten, eine
Bezeichnung, die man ziemlich gekünstelt auf diese Art des
Pflasters anwendet. Ich wusste, dass Sie das Wort ›Stereotomie‹
nicht vor sich hinsagen konnten, ohne an Atome erinnert zu werden und somit an die Theorien Epikurs; und da ich, als wir vor
nicht allzu langer Zeit dieses Thema diskutierten, Ihnen gegenüber erwähnte, wie einzigartig und doch kaum beachtet die
vagen Vermutungen des noblen Griechen in der jüngsten Nebu-
larkosmogonie Bestätigung gefunden hatten, so glaubte ich, dass
Sie nicht umhinkönnten, Ihren Blick nach oben auf den großen
Nebel im Orion zu richten, und ich rechnete fest damit, dass Sie
dies tun würden. Sie sahen tatsächlich hinauf; und nun war ich
sicher, dass ich Ihren Schritten richtig gefolgt war. Doch in jener
herben *tirade* gegen Chantilly, die im gestrigen ›*Musée*‹ erschien,
zitierte der Satiriker, während er einige skandalöse Anspielungen
machte auf die Namensänderung des Flickschusters beim Hin-
einschlüpfen in den Kothurn, eine lateinische Zeile, über die wir
oft gesprochen haben. Ich meine die Zeile:

Perdidit antiquum litera prima sonum.

Ich hatte Ihnen erzählt, dass sich dies auf Orion beziehe, den man
früher Urion schrieb; und wegen gewisser Schärfen, die mit dieser Erklärung verbunden waren, wusste ich, dass Sie sie nicht
vergessen haben konnten. Es war daher klar, dass Sie nicht um-
hinkonnten, die beiden Begriffe Orion und Chantilly zu ver-
knüpfen. Dass Sie dies wirklich taten, erkannte ich an der Art des
Lächelns, das über Ihre Lippen huschte. Sie dachten an die
Opferung des armen Flickschusters. Bis dahin waren Sie in ge-
beugter Haltung gegangen; doch nun sah ich, wie Sie sich zu

Ihrer vollen Größe aufrichteten. Jetzt war ich sicher, dass Sie über die winzige Gestalt Chantillys nachdachten. An diesem Punkt unterbrach ich Ihre Betrachtungen, um zu bemerken, dass, da er in der Tat ein ziemlich kleiner Kerl *sei* – dieser Chantilly –, er sich besser im *Théâtre des Variétés* machen würde.«

Nicht lange danach überflogen wir gerade die Abendausgabe der ›Gazette des Tribunaux‹, als folgende Absätze unsere Aufmerksamkeit in Beschlag nahmen.

»AUSSERGEWÖHNLICHE MORDE. – Heute morgen gegen drei Uhr wurden die Bewohner des Quartier St. Roch durch eine Reihe fürchterlicher Schreie aus dem Schlaf geholt, die anscheinend aus dem vierten Stock eines Hauses in der Rue Morgue kamen, von dem bekannt war, dass es allein von einer Madame L'Espanaye und ihrer Tochter, Mademoiselle Camille L'Espanaye, bewohnt wurde. Nach einiger Verzögerung, entstanden durch den fruchtlosen Versuch, sich auf übliche Weise Zugang zu verschaffen, brach man das Haustor mit einem Stemmeisen auf, und acht oder zehn der Nachbarn gingen hinein, begleitet von zwei *gendarmes*. Inzwischen hatten die Schreie aufgehört; doch als die Gruppe die erste Treppe hinaufeilte, hörte man deutlich zwei oder mehr raue Stimmen in wütendem Streit, die aus dem oberen Teil des Hauses zu kommen schienen. Als man den zweiten Treppenabsatz erreichte, waren auch diese Geräusche verstummt, und alles blieb vollkommen ruhig. Die Gruppe teilte sich auf und hastete von Raum zu Raum. Nachdem man ein großes Hinterzimmer im vierten Stock erreicht hatte (dessen Tür aufgebrochen wurde, da sie abgeschlossen war und der Schlüssel innen steckte), bot sich ein Anblick, der jeden der Anwesenden ebenso sehr mit Entsetzen wie mit Erstaunen erfüllte.

Das Zimmer war in wildester Unordnung – das Mobiliar zertrümmert und in alle Richtungen verstreut. Es gab nur ein Bettgestell; und von diesem war das Bettzeug entfernt und mitten auf den Fußboden geworfen worden. Auf einem Stuhl lag ein Rasiermesser, blutverschmiert. Auf dem Kamin lagen zwei oder drei lange und dicke Strähnen grauen Menschenhaars, auch sie blutbespritzt und anscheinend mit den Wurzeln ausgerissen. Auf dem Fußboden fand man vier Napoleondors, einen Topas-Ohrring, drei große Löffel aus Silber, drei kleinere aus *métal d'Alger* und zwei Beutel, die fast viertausend Franc in Gold enthielten. Die Schubladen einer *Kommode*, die in einer Ecke stand, waren geöffnet und anscheinend geplündert worden, obwohl viele Dinge sich noch darin befanden. Ein kleiner eiserner Safe wurde unter dem *Bettzeug* entdeckt (nicht unter dem Bettgestell). Er war offen, der Schlüssel steckte noch im Schloss. Sein Inhalt bestand nur aus ein paar alten Briefen und anderen Papieren von geringer Bedeutung.

Von Madame L'Espanaye fehlte hier jede Spur; da man aber eine ungewöhnliche Menge Ruß in der Feuerstelle bemerkte, suchte man im Schornstein und (entsetzlich zu berichten!) zog den Leichnam der Tochter, mit dem Kopf nach unten, daraus hervor; er war die enge Öffnung ein beträchtliches Stück hinaufgezwängt worden. Der Körper war ganz warm. Als man ihn untersuchte, entdeckte man zahlreiche Hautabschürfungen, die zweifellos von der Heftigkeit herrührten, mit der er erst hinaufgestoßen und dann befreit worden war. Das Gesicht wies viele schwere Kratzwunden auf, der Hals dunkle Quetschungen und tiefe Einkerbungen von Fingernägeln, so als sei die Verstorbene erdrosselt worden.

Nach einer sorgfältigen Durchsuchung aller Teile des Hauses ohne weitere Entdeckungen gelangte die Gruppe in einen kleinen gepflasterten Hof hinter dem Gebäude, wo der Leichnam der alten Dame lag, mit derart gänzlich durchschnittener Kehle, dass bei dem Versuch, sie anzuheben, der Kopf abfiel. Sowohl der Körper als auch der Kopf waren schrecklich verstümmelt – Ersterer so sehr, dass er kaum noch etwas Menschenähnliches hatte.

Zur Lösung dieses entsetzlichen Rätsels gibt es bislang, soviel wir wissen, nicht den leisesten Anhaltspunkt.«

Die Zeitung des nächsten Tages brachte folgende zusätzlichen Einzelheiten.

»*Die Tragödie in der Rue Morgue.* Viele Personen sind hinsichtlich dieser höchst außergewöhnlichen und grauenhaften Affäre vernommen worden« (das Wort ›*affaire*‹ hat in Frankreich noch nicht jene leichtfertige Bedeutung wie bei uns) »doch kam dabei nicht das Geringste heraus, was Licht darauf geworfen hätte. Wir geben nachfolgend die wesentlichen ermittelten Zeugenaussagen wieder.

Pauline Dubourg, Wäscherin, sagt aus, sie habe die beiden Verstorbenen seit drei Jahren gekannt, da sie während dieser Zeit für sie gewaschen habe. Die alte Dame und ihre Tochter schienen sich gut zu verstehen – sehr zärtlich miteinander umzugehen. Sie hätten hervorragend gezahlt. Könne nichts über ihre Lebensumstände oder Einkünfte sagen. Glaube, dass Madame L. ihren Lebensunterhalt mit Wahrsagen verdiente. Es habe geheißen, sie hätte Geld beiseitegelegt. Habe nie jemanden im Haus getroffen, wenn sie die Wäsche abholte oder wieder zurückbrachte. Sei sicher, dass sie keine Dienstboten beschäftigten. Es schien im ganzen Gebäude keinerlei Möbel zu geben, abgesehen vom vierten Stock.

Pierre Moreau, Tabakhändler, sagt aus, dass er Madame L'Espanaye fast vier Jahre lang regelmäßig kleine Mengen an Rauch- und Schnupftabak verkauft habe. Sei in der Nachbarschaft geboren und habe immer dort gewohnt. Die Verstorbene und ihre Tochter hätten seit mehr als sechs Jahren in dem Haus gelebt, in dem man die Leichen fand. Davor sei es von einem Juwelier bewohnt worden, der die oberen Räume an verschiedene Personen untervermietet habe. Das Haus habe Madame L. gehört. Sie sei unzufrieden geworden mit dem Missbrauch der Räumlichkeiten durch ihren Mieter, habe sie selbst bezogen und sich geweigert, irgendeinen Teil zu vermieten. Die alte Dame sei kindisch gewesen. Zeuge habe die Tochter während der sechs Jahre etwa fünf- oder sechsmal gesehen. Die beiden Frauen hätten ein äußerst zurückgezogenes Leben geführt – es habe geheißen, sie hätten Geld. Habe unter den Nachbarn davon reden hören, dass Madame L. wahrsagte – habe das aber nicht geglaubt. Habe nie irgendjemanden durch die Tür gehen sehen, außer der alten Dame und ihrer Tochter, ein- oder zweimal einem Dienstboten und acht- oder zehnmal einem Arzt.

Viele andere Personen, Nachbarn, machten ähnlich lautende Aussagen. Es wurde von niemandem berichtet, der das Haus regelmäßig aufsuchte. Es war nicht bekannt, ob Madame L. und ihre Tochter irgendwelche lebenden Verwandten hatten. Die Läden der vorderen Fenster wurden selten geöffnet. Die auf der Rückseite waren stets geschlossen, ausgenommen die des großen Hinterzimmers im vierten Stock. Das Haus war ein solides Gebäude – nicht sehr alt.

Isidore Musèt, gendarme, sagt aus, dass er gegen drei Uhr morgens zu dem Haus gerufen worden sei und etwa zwanzig bis dreißig Personen vor dem Tor angetroffen habe, die versucht hätten, sich Zugang zu verschaffen. Habe es schließlich aufgebrochen, mit einem Bajonett – nicht mit einem Stemmeisen. Habe nur wenig Mühe gehabt, es zu öffnen, da es ein Doppel- oder Flügeltor gewesen sei und weder unten noch oben verriegelt. Das Geschrei habe angedauert, bis das Tor aufgebrochen war – dann habe es plötzlich aufgehört. Es schienen Schreie irgendeiner Person (oder Personen) in großer Todesangst zu sein – laut und langgezogen, nicht kurz und schnell. Zeuge sei den anderen voran die Treppe hinaufgegangen. Habe, als der erste Treppenabsatz erreicht war, zwei Stimmen in lautem und wütendem Streit gehört – die eine Stimme schroff, die andere viel schriller – eine sehr seltsame Stimme. Habe einige Worte der Ersteren unterscheiden können, die einem Franzosen gehört habe. Sei überzeugt, dass es keine Frauenstimme war. Habe die Worte ›*sacré*‹ und ›*diable*‹ unterscheiden können. Die schrille Stimme sei die eines Ausländers gewesen. Sei sich nicht klar darüber, ob es die Stimme eines Mannes oder einer Frau war. Habe nicht verstehen können, was gesagt wurde, halte die Sprache aber für Spanisch. Der Zustand des Zimmers und der Leichen wurde von diesem Zeugen so beschrieben, wie wir es gestern berichteten.

Henri Duval, ein Nachbar und von Beruf Silberschmied, sagt aus, dass er zu der Gruppe gehört habe, die das Haus als erste betrat. Bestätigt im Allgemeinen die Aussage von Musèt. Sobald sie sich Zugang verschafft hätten, hätten sie die Tür wieder verschlossen, um die Menge draußen zu halten, die sich ungeachtet der späten Stunde sehr schnell angesammelt habe. Die schrille Stimme, meint dieser Zeuge, sei die eines Italieners gewesen. Sei überzeugt, dass es kein Französisch war. Sei sich nicht sicher, dass es sich um eine Männerstimme handelte. Es könne auch eine Frauenstimme gewesen sein. Sei nicht vertraut mit der italienischen Sprache. Habe die Worte nicht unterscheiden können, sei aber wegen des Tonfalls überzeugt, dass der Sprecher Italiener war. Habe Madame L. und ihre Tochter gekannt. Habe sich mit beiden häufig unterhalten. Sei sicher, dass die schrille Stimme keiner der beiden Verstorbenen gehörte.

… *Odenheimer, restaurateur*. Dieser Zeuge machte freiwillig eine Aussage. Spricht kein Französisch, wurde mithilfe eines Dolmetschers befragt. Stammt aus Amsterdam. Sei an dem Haus vorbeigekommen, als die Schreie ertönten. Sie hätten etliche Minuten angedauert – vermutlich zehn. Sie seien lang und laut gewesen – äußerst entsetzlich und erschreckend. Sei einer derjenigen gewesen, die das Gebäude betraten. Bestätigt die vorangegangenen Aussagen in jeder Hinsicht, bis auf eine. Sei sicher, dass die schrille Stimme die eines Mannes war – eines Franzosen. Habe die geäußerten Wörter nicht unterscheiden können. Sie seien laut und schnell gewesen – ungleichmäßig – gesprochen anscheinend in Angst wie auch in Wut. Die Stimme sei harsch gewesen – weniger schrill als harsch. Könne sie nicht als schrille Stimme bezeichnen. Die schroffe Stimme habe wiederholt ›sacré‹, ›diable‹ und einmal ›mon Dieu‹ gesagt.

Jules Mignaud, Bankier der Firma Mignaud et Fils, Rue Deloraine. Ist der ältere Mignaud. Madame L'Espanaye habe etwas Vermögen gehabt. Habe bei seinem Bankhaus im Frühling des Jahres … (acht Jahre zuvor) ein Konto eröffnet. Habe des Öfteren kleine Summen eingezahlt. Habe nichts abgehoben bis drei Tage vor ihrem Tod, als sie persönlich die Summe von 4000 Franc abgeholt habe. Diese Summe sei in Gold ausbezahlt und ein Angestellter mitgeschickt worden, um ihr das Geld ins Haus zu bringen.

Adolphe Le Bon, Angestellter bei Mignaud et Fils, sagt aus, dass er an fraglichem Tag gegen Mittag Madame L'Espanaye bis zu ihrer Wohnung begleitet habe, mit den 4000 Franc, verpackt in zwei Beuteln. Als die Tür geöffnet wurde, sei Mademoiselle L. erschienen und habe ihm einen der Beutel aus den Händen genommen, während die alte Dame ihm den anderen abgenommen habe. Er habe sich dann verbeugt und sei gegangen. Habe um diese Zeit niemanden in der Straße gesehen. Es ist eine Nebenstraße – sehr einsam.

William Bird, Schneider, sagt aus, er habe zu der Gruppe gehört, die das Haus betrat. Ist Engländer. Lebt seit zwei Jahren in Paris. Sei einer der Ersten gewesen, die die Treppe hinaufstiegen. Habe die streitenden Stimmen gehört. Die schroffe Stimme sei die eines Franzosen gewesen. Habe einige Wörter ausmachen können, könne sich aber jetzt nicht an alle erinnern. Habe deutlich ›sacré‹ und ›mon Dieu‹ gehört. Zeitgleich sei da ein Geräusch gewesen, als ob mehrere Personen miteinander kämpften – ein kratzendes, schlurfendes Geräusch. Die schrille Stimme sei sehr laut gewesen – lauter als die schroffe. Sei sich sicher, dass es nicht die Stimme eines Engländers war. Schien ihm die eines Deutschen zu sein. Könnte eine Frauenstimme gewesen sein. Er versteht kein Deutsch.

Vier der obengenannten Zeugen, erneut vorgeladen, sagten aus, dass die Tür des Zimmers, in dem die Leiche der Mademoiselle L. gefunden wurde, von innen verschlossen gewesen sei, als die Gruppe sie erreichte. Alles sei vollkommen still gewesen – keinerlei Stöhnen oder sonstige Geräusche. Nach dem Aufbrechen der Tür habe man niemanden gesehen. Die Fenster des hinteren wie des vorderen Raums seien heruntergelassen und von innen verriegelt gewesen. Eine Tür zwischen den beiden Räumen sei geschlossen, aber nicht abgeschlossen gewesen. Die vom vorderen Raum in den Flur führende Tür war abgeschlossen, der Schlüssel steckte von innen. Ein kleiner Raum an der Vorderseite des Hauses, im vierten Stock am Ende des Flurs, stand offen, die Tür war angelehnt. Dieser Raum war vollgestopft mit alten Betten, Kisten und so weiter. Alles wurde ausgeräumt und sorgfältig durchsucht. Es gab keinen Winkel im ganzen Haus, der nicht sorgfältig durchsucht wurde. Kaminkehrer wurden die Schornsteine hinauf- und hinuntergeschickt. Das Haus hat vier Stockwerke, plus Dachstuben *(mansardes)*. Eine Falltür auf dem Dach war fest und sicher vernagelt – schien seit Jahren nicht geöffnet worden zu sein. Die Zeit, die zwischen dem Hören der streitenden Stimmen und dem Aufbrechen der Zimmertür verging, wurde von den Zeugen unterschiedlich beziffert. Bei einigen waren es höchstens drei Minuten – bei anderen mindestens fünf. Das Öffnen der Tür war schwierig gewesen.

Alfonzo Garcio, Bestatter, sagt aus, dass er in der Rue Morgue wohnhaft sei. Ist gebürtiger Spanier. Sei einer aus der Gruppe gewesen, die das Haus betrat. Sei nicht die Treppe hinaufgegangen. Sei nervös und habe die Folgen einer Aufregung gefürchtet. Habe die streitenden Stimmen gehört. Die schroffe Stimme sei die eines Franzosen gewesen. Habe nicht verstehen können, was gesagt wurde. Die schrille Stimme sei die eines Engländers gewesen – sei dessen sicher. Versteht kein Englisch, urteilt aber nach dem Tonfall.

Alberto Montani, Konditor, sagt aus, er sei einer der Ersten gewesen, die die Treppe hinaufstiegen. Habe die fraglichen Stimmen gehört. Die schroffe Stimme sei die eines Franzosen gewesen. Habe einige Wörter herausgehört. Der Sprecher schien jemandem Vorwürfe zu machen. Habe die Worte der schrillen Stimme nicht verstehen können. Sie habe schnell und uneinheitlich gesprochen. Hält sie für die Stimme eines Russen. Bestätigt die allgemeinen Aussagen. Ist Italiener. Sprach nie mit einem gebürtigen Russen.

Etliche Zeugen versicherten bei erneuter Vorladung, dass die Schornsteine aller Zimmer im vierten Stock zu eng seien, als dass ein menschliches Wesen hindurchpasste. Mit ›Kaminkehrern‹ seien zylindrische Kehrbürsten gemeint gewesen, wie sie von denen verwendet werden, die Schornsteine reinigen. Diese Bürsten habe man auf- und abwärts durch sämtliche Rauchabzüge des Hauses geschoben. Es gibt keinen Hinterausgang, durch den irgendjemand hätte hinuntergelangen können, während die Gruppe die Treppe hinaufstieg. Die Leiche der Mademoiselle L'Espanaye war so fest im Schornstein eingeklemmt, dass man sie nicht herausziehen konnte, ehe vier oder fünf aus der Gruppe ihre Kräfte vereinten.

Paul Dumas, Arzt, sagt aus, dass man ihn gegen Tagesanbruch zur Besichtigung der Leichen gerufen habe. Sie hätten beide bereits auf dem Sackleinen des Bettgestells in dem Zimmer gelegen, in dem Mademoiselle L. gefunden wurde. Der Leichnam der jungen Dame sei voller Quetschungen und Schürfwunden. Die Tatsache, dass er den Kamin hinaufgezwängt worden war, erkläre diesen Befund hinreichend. Der Hals sei weitgehend aufgescheuert. Es befänden sich mehrere tiefe Kratzwunden genau unterhalb des Kinns, außerdem eine Reihe blauer Flecken, die offensichtlich Fingereindrücke waren. Das Gesicht sei furchtbar verfärbt, und die Augäpfel seien hervorgequollen. Die

Zunge sei teilweise durchgebissen. Im Bereich der Magengrube habe man eine große Quetschung entdeckt, anscheinend verursacht durch den Druck eines Knies. Nach Meinung von M. Dumas ist Mademoiselle L'Espanaye von einer oder mehreren unbekannten Personen erdrosselt worden. Der Leichnam der Mutter sei entsetzlich verstümmelt. Sämtliche Knochen des rechten Arms und Beins seien mehr oder weniger zerschmettert. Die linke *tibia* sei erheblich zersplittert, ebenso sämtliche Rippen der linken Seite. Der ganze Körper fürchterlich gequetscht und verfärbt. Es sei nicht möglich, zu sagen, wie die Verletzungen beigebracht wurden. Ein schwerer Holzknüppel oder eine breite Eisenstange – ein Stuhl – jede große, schwere und stumpfe Waffe hätte solche Wirkung haben können, falls sie von den Händen eines sehr kräftigen Mannes geschwungen wurde. Keine Frau hätte mit irgendeiner Waffe die Schläge ausführen können. Der Kopf der Verstorbenen sei, als der Zeuge ihn sah, völlig vom Körper getrennt und ebenfalls arg zerschlagen gewesen. Der Hals sei offenbar mit einem sehr scharfen Instrument durchschnitten worden – wahrscheinlich mit einem Rasiermesser.

Alexandre Etienne, Wundarzt, wurde gemeinsam mit M. Dumas zur Leichenschau gerufen. Bestätigte die Aussage und die Einschätzungen des M. Dumas.

Darüber hinaus wurde nichts von Belang ermittelt, obwohl noch etliche andere Personen befragt wurden. Ein derart mysteriöser und in all seinen Einzelheiten so verwirrender Mord wurde niemals zuvor in Paris begangen – falls es sich überhaupt um einen Mord handelt. Die Polizei tappt völlig im Dunkeln – ein ungewöhnliches Vorkommnis bei Affären dieser Art. Jedenfalls ist nicht der kleinste Anhaltspunkt in Sicht.«

Die Abendausgabe der Zeitung berichtete, dass im Quartier St. Roch noch immer höchste Aufregung herrsche – dass die fraglichen Räumlichkeiten erneut durchsucht und neue Zeugenbefragungen anberaumt worden seien, doch alles ohne Erfolg. In einem Nachtrag allerdings wurde mitgeteilt, dass Adolphe Le Bon verhaftet und festgesetzt worden sei – obwohl ihn, über die bereits dargelegten Fakten hinaus, offenbar nichts belastete.

Dupin schien eigentümlich interessiert am Fortgang dieser Affäre – wenigstens schloss ich das aus seinem Verhalten, da er sich nicht äußerte. Erst nach der Meldung, dass Le Bon festgenommen worden war, erkundigte er sich nach meiner Meinung zu den Morden.

Ich konnte ganz Paris nur zustimmen, sie für ein unlösbares Rätsel zu halten. Ich sah keinen Weg, der es ermöglicht hätte, dem Mörder auf die Spur zu kommen.

»Wir dürfen hinsichtlich der Wege«, sagte Dupin, »nicht aufgrund dieser oberflächlichen Untersuchung urteilen. Die Pariser Polizei, so hochgelobt für ihren *Scharfsinn*, ist geschickt, aber sonst nichts. Es gibt bei ihrem Vorgehen keinerlei Methode jenseits spontaner Eingebungen. Sie präsentiert eine riesige Anzahl von Maßnahmen; doch nicht selten sind diese für die gesteckten Ziele derart schlecht geeignet, dass sie uns an Monsieur Jourdain erinnern, der nach seiner *robe de chambre* ruft – *pour mieux entendre la musique*. Die von ihr erreichten Resultate sind bisweilen überraschend, werden aber zumeist durch simplen Fleiß und Umtriebigkeit zustande gebracht. Wo diese Qualitäten unnütz sind, schlagen ihre Pläne fehl. Vidocq zum Beispiel hatte ein gutes Gespür und war ein beharrlicher Mann. Doch ohne geschultes Denken irrte er sich ständig, und zwar durch die schiere Intensität seiner Nachforschungen. Er schmälerte seine Sicht, indem er sich die Dinge allzu nah vor Augen hielt. Er mochte vielleicht ein oder zwei Punkte mit ungewöhnlicher Klarheit sehen, verlor dabei aber den Überblick über die Sache als Ganzes. Also gibt es so etwas wie allzu große Tiefgründigkeit. Wahrheit liegt nicht immer in einem Brunnen. Ich glaube vielmehr, dass sie sich, was die wichtigeren Erkenntnisse betrifft, ausnahmslos an der Oberfläche findet. Das Tiefgründige liegt in den Tälern, wo wir sie suchen, und nicht auf den Berggipfeln, wo sie zu finden ist. Art und Ursprung solchen Irrtums lassen sich gut anhand der Betrachtung der Himmelskörper versinnbildlichen. Einen Stern mit dem Blick zu streifen – seitlich an ihm vorbeizuschauen, wobei man ihm nur die äußeren Teile der *retina* zuwendet (die für schwache Lichteinwirkungen empfänglicher sind als die inneren), heißt, den Stern deutlich zu sehen – heißt, seinen Glanz am besten wahrzunehmen – einen Glanz, der entsprechend trüb wird, wenn wir den Blick *voll* auf ihn richten. Im letzteren Fall trifft sicherlich eine größere Anzahl von Strahlen auf das Auge, doch im ersteren hat es ein feineres Aufnahmevermögen. Durch übertriebene Tiefgründigkeit verwirren und schwächen wir das Denken; und es ist möglich, sogar die Venus selbst vom Firmament verschwinden zu lassen durch einen allzu unablässigen, allzu konzentrierten oder allzu direkten prüfenden Blick.

Was diese Morde betrifft, so lassen Sie uns selbst einige Untersuchungen anstellen, bevor wir uns diesbezüglich eine Meinung bilden. Eine Ermittlung wird uns Amüsement verschaffen« (ich fand diesen Ausdruck eigentlich unangebracht, sagte aber nichts) »und außerdem hat Le Bon mir einmal einen Dienst erwiesen, für den ich nicht undankbar bin. Lassen Sie uns gehen und die Räumlichkeiten mit eigenen Augen sehen. Ich kenne G., den Polizeipräfekten, und sollte keine Schwierigkeiten haben, die notwendige Erlaubnis zu beschaffen.«

Die Erlaubnis wurde beschafft, und wir gingen sofort weiter in die Rue Morgue. Sie ist eine jener elenden Querstraßen, die die Rue Richelieu mit der Rue St. Roch verbinden. Es war später Nachmittag, als wir dort ankamen, da dieses Viertel ziemlich weit entfernt liegt von dem, in dem wir wohnten. Das Haus war schnell gefunden; denn noch immer gab es viele Leute, die von der anderen Straßenseite aus mit zielloser Neugier zu den geschlossenen Fensterläden hinaufstarrten. Es war ein gewöhnliches Pariser Haus, mit einem Eingangstor, an dessen einer Seite ein verglastes Wachhäuschen mit einem Schiebefenster stand, das eine *loge de concierge* darstellte. Bevor wir eintraten, gingen wir die Straße hinauf, bogen ab in eine Gasse und, abermals abbiegend, passierten dann die Rückseite des Gebäudes – Dupin untersuchte währenddessen die ganze Nachbarschaft wie auch das Haus mit einer minuziösen Aufmerksamkeit, deren mögliches Ziel ich nicht erkennen konnte.

Wir kehrten auf demselben Weg zurück und gelangten wieder zur Vorderseite des Wohnhauses, klingelten und, nachdem wir unsere Genehmigung vorgezeigt hatten, wurden von den diensthabenden Beamten eingelassen. Wir gingen nach oben – in das Zimmer, in dem man die Leiche der Mademoiselle L'Espanaye gefunden hatte und wo die beiden Verstorbenen immer noch lagen. Das Durcheinander in dem Raum hatte man, wie üblich, unverändert belassen. Ich sah nichts anderes als das, was in der ›Gazette des Tribunaux‹ mitgeteilt worden war. Dupin untersuchte alles eingehend – inklusive der Leichen der Opfer. Dann gingen wir in die anderen Räume und in den Hof; ein *gendarme* begleitete uns überallhin. Die Untersuchung beschäftigte uns, bis es dunkel war, dann verabschiedeten wir uns. Auf dem Heimweg betrat mein Begleiter für einen Moment das Büro einer Tageszeitung.

Ich sagte bereits, dass die Launen meines Freundes mannigfaltig waren, und dass *je les ménageais* – für diese Wendung gibt es keine englische Entsprechung. Diesmal gefiel er sich darin, jedwedes Gespräch über die Morde abzulehnen, und zwar bis gegen Mittag des nächsten Tages. Dann fragte er mich plötzlich, ob ich irgendetwas *Eigentümliches* am Schauplatz der Gräueltat bemerkt hätte.

In der Art, mit der er das Wort ›Eigentümliches‹ betonte, lag etwas, das mich schaudern machte, ohne dass ich wusste warum.

»Nein, nichts *Eigentümliches*«, sagte ich; »nicht mehr jedenfalls als das, was wir beide in der Zeitung gelesen haben.«

»Die ›Gazette‹«, antwortete er, »hat, fürchte ich, das unge-wöhnlich Grauenhafte der Sache nicht erfasst. Doch lassen wir die müßigen Ansichten jenes Blattes. Mir scheint, dass dieses Rätsel aus eben dem Grund für unlösbar gehalten wird, aus dem man es als leicht lösbar ansehen sollte – nämlich des *outrierten* Charakters seiner Merkmale wegen. Die Polizei ist verwirrt durch das schein-bare Fehlen eines Motivs – nicht für die Morde selbst – sondern für die Grausamkeit der Morde. Ebenso ist sie ratlos angesichts der scheinbaren Unmöglichkeit, die Stimmen, die man streiten hörte, mit der Tatsache in Einklang zu bringen, dass oben nie-mand zu entdecken war außer der ermordeten Mademoiselle L'Espanaye und dass es keinerlei Entkommen gab, ohne dass die heraufkommende Gruppe es bemerkt hätte. Das wilde Durchei-nander in dem Raum; der mit dem Kopf nach unten den Schorn-stein hinaufgezwängte Leichnam; die furchtbare Verstümmelung der Leiche der alten Dame; diese Faktoren, gemeinsam mit den bereits erwähnten und anderen, die ich nicht zu erwähnen brau-che, haben genügt, um die Kräfte der Regierungsbeamten zu pa-ralysieren, indem sie deren vielgerühmten *Scharfsinn* komplett in die Irre führten. Sie sind in den groben, aber verbreiteten Irrtum verfallen, das Ungewöhnliche mit dem Abstrusen zu verwechseln. Doch gerade anhand dieser Abweichungen von der Ebene des Alltäglichen ertastet sich die Vernunft, wenn überhaupt, ihren Weg auf ihrer Suche nach der Wahrheit. Bei solchen Unter-suchungen, wie wir sie nun anstellen, sollte man weniger fragen: ›Was ist geschehen?‹, als vielmehr: ›Was ist geschehen, das nie-mals zuvor geschehen ist?‹ Tatsächlich steht die Leichtigkeit, mit der ich zur Lösung dieses Rätsel gelangen werde, oder gelangt bin, in direktem Verhältnis zu seiner vermeintlichen Unlösbarkeit in den Augen der Polizei.«

In sprachloser Verblüffung starrte ich den Sprecher an.

»Ich erwarte jetzt«, fuhr er fort, während er auf die Tür unse-res Zimmers blickte – »ich erwarte jetzt eine Person, die, wenngleich sie dieses Gemetzel vielleicht nicht angerichtet hat, doch in gewissem Grad in die Tat verwickelt gewesen sein muss. Am schlimmsten Teil der begangenen Verbrechen ist sie wahrscheinlich unschuldig. Ich hoffe, dass ich mit dieser Vermutung richtig liege; denn auf sie stützte ich meine Erwartung, das ganze Rätsel zu lösen. Ich erwarte den Mann hier – in diesem Raum – jeden Moment. Gewiss ist es möglich, dass er nicht erscheint; aber wahrscheinlich ist, dass er erscheint. Sollte er kommen, wird es notwendig sein, ihn festzuhalten. Hier sind Pistolen; und wir beide wissen damit umzugehen, wenn die Umstände es erfordern.«

Ich nahm die Pistolen, kaum wissend, was ich tat, oder glaubend, was ich hörte, während Dupin fortfuhr, als spräche er mit sich selbst. Sein abstraktes Verhalten zu solchen Zeiten habe ich bereits erwähnt. Seine Rede war an mich gerichtet; doch seine Stimme, obwohl keineswegs laut, hatte jenen Tonfall, den man gewöhnlich bemüht, wenn man über große Distanz mit jemandem spricht. Seine ausdruckslosen Augen blickten starr auf die Wand.

»Dass die Stimmen«, sagte er, »die die Gruppe auf der Treppe streiten hörte, nicht die Stimmen der Frauen selbst waren, ist durch die Zeugenaussagen vollständig bewiesen. Dies nimmt uns jeden Zweifel bezüglich der Frage, ob die alte Dame zuerst die Tochter umgebracht und danach Selbstmord begangen haben könnte. Ich erwähne diesen Punkt hauptsächlich um der Methode willen; denn die Körperkraft der Madame L'Espanaye wäre der Aufgabe, den Leichnam ihrer Tochter den Schornstein so hinaufzuzwängen, wie er gefunden wurde, schlichtweg nicht gewachsen gewesen; und die Art der Wunden an ihrem eigenen Körper schließt den Gedanken an einen Selbstmord völlig aus. Die Morde sind also von einer dritten Partei begangen worden; und die Stimmen dieser dritten Partei waren jene, die man streiten hörte. Lassen Sie mich nun – nicht auf die gesamte Aussage hinsichtlich der Stimmen – sondern auf das kommen, was an dieser Aussage *eigentümlich* war. Ist Ihnen daran irgendetwas Eigentümliches aufgefallen?«

Ich antwortete, dass, während sämtliche Zeugen übereinstimmend die schroffe Stimme für die eines Franzosen hielten, es große Uneinigkeit gab bezüglich der schrillen oder, wie eine Person sie bezeichnete, der harschen Stimme.

»Das waren die Zeugenaussagen selbst«, sagte Dupin, »aber es war nicht ihre Eigentümlichkeit. Sie haben nichts Markantes bemerkt. Und doch *gab* es da etwas Markantes zu bemerken. Wie Sie sagen, waren die Zeugen sich einig über die schroffe Stimme; hier waren sie einer Meinung. Doch in Bezug auf die schrille Stimme liegt die Eigentümlichkeit – nicht darin, dass sie uneins waren – sondern darin, dass jeder, der sie zu beschreiben versuchte, ein Italiener, ein Engländer, ein Spanier, ein Holländer und ein Franzose, sie als die Stimme *eines Ausländers* bezeichnete. Jeder ist sicher, dass es nicht die Stimme eines seiner eigenen Landsleute war. Jeder vergleicht sie – nicht mit der Stimme einer Person aus irgendeinem Land, dessen Sprache ihm vertraut – sondern die ihm unvertraut ist. Der Franzose hält sie für die Stimme eines Spaniers und ›hätte einige Wörter ausmachen können, *wäre er mit dem Spanischen vertraut gewesen*‹. Der Holländer behauptet, es sei die eines Franzosen gewesen; es wird jedoch erwähnt, dass er ›*kein Französisch versteht und dieser Zeuge mithilfe eines Dolmetschers befragt wurde*‹. Der Engländer hält sie für die Stimme eines Deutschen und ›*versteht kein Deutsch*‹. Der Spanier ›ist sicher‹, dass es die eines Engländers war, urteilt aber ›nach dem Tonfall‹, und zwar ausschließlich, ›*da er keinerlei Englischkenntnisse hat*‹. Der Italiener meint, dass es die Stimme eines Russen war, hat aber ›*nie mit einem gebürtigen Russen gesprochen*‹. Ferner stimmt ein zweiter Franzose mit dem ersten nicht überein und ist überzeugt, dass die Stimme die eines Italieners war; doch glaubt er dies, *da er dieser Sprache nicht mächtig ist*, wie der Spanier ›aufgrund des

Tonfalls‹. Nun, wie ungewöhnlich sonderbar muss jene Stimme wirklich gewesen sein, über die solcherlei Aussagen hervorzurufen *möglich* war! – in deren *Lauten* gar die Bewohner der fünf großen Teile Europas nichts Vertrautes erkennen konnten! Es könnte, werden Sie sagen, die Stimme eines Asiaten gewesen sein – eines Afrikaners. Weder Asiaten noch Afrikaner sind sehr zahlreich in Paris; doch ohne die Schlussfolgerung zu bestreiten, möchte ich jetzt Ihre Aufmerksamkeit nur auf drei Punkte lenken. Die Stimme ist von einem Zeugen als ›eher harsch als schrill‹ bezeichnet worden. Zwei andere beschreiben sie als ›schnell und *ungleichmäßig*‹. Keine Wörter – keine wortähnlichen Laute – wurden von irgendeinem Zeugen als unterscheidbar erwähnt.

Ich weiß nicht«, fuhr Dupin fort, »welchen Eindruck ich bisher auf Ihr eigenes Verständnis gemacht habe; doch ich zögere nicht, zu behaupten, dass legitime Rückschlüsse gerade aus diesem Teil der Aussage – dem Teil, der die schroffe und die schrille Stimme betrifft – an sich schon hinreichend sind, um einen Verdacht zu erregen, der allen weiteren Schritten in der Untersuchung des Rätsels die Richtung weisen sollte. Ich sagte ›legitime Rückschlüsse‹; doch das drückt nicht ganz das aus, was ich meine. Ich wollte damit andeuten, dass die Rückschlüsse die *einzig* richtigen sind und dass der Verdacht *unweigerlich* aus ihnen erwächst als das alleinige Resultat. Welcher Verdacht das ist, werde ich jedoch noch nicht sagen. Ich bitte Sie nur zu berücksichtigen, dass er mir selbst ausreichend dringend erschien, um meinen Nachforschungen in dem Zimmer eine bestimmte Form – eine gewisse Tendenz – zu geben.

Versetzen wir uns nun im Geist in dieses Zimmer. Wonach werden wir hier zuerst suchen? Nach dem Fluchtweg, den die Mörder benutzt haben. Es ist wohl nicht zu viel gesagt, dass keiner von uns an übernatürliche Ereignisse glaubt. Madame und Mademoiselle L'Espanaye wurden nicht von Geistern getötet.

Die Täter waren real und entkamen auf reale Weise. Aber wie? Glücklicherweise gibt es nur ein Verfahren, sich über diesen Punkt klarzuwerden, und dieses Verfahren *muss* uns zu einem eindeutigen Urteil führen. – Lassen Sie uns der Reihe nach die möglichen Fluchtwege untersuchen. Sicher ist, dass, als die Gruppe die Treppe heraufkam, die Mörder in dem Raum waren, in dem Mademoiselle L'Espanaye gefunden wurde, oder zumindest im angrenzenden Raum. Wir haben also nur in diesen zwei Zimmern nach Ausgängen zu suchen. Die Polizeibeamten haben die Fußböden, die Decken und das Mauerwerk der Wände rundherum abgesucht. Ein *geheimer* Ausgang wäre ihren wachsamen Blicken nicht entgangen. Da ich aber *ihren* Augen nicht traute, prüfte ich alles mit meinen eigenen. Doch es gab *keine* geheimen Ausgänge. Beide Türen, die von den Räumen auf den Flur führen, waren fest verschlossen, die Schlüssel steckten von innen. Kommen wir zu den Schornsteinen. Diese haben zwar bis etwa acht oder zehn Fuß oberhalb der Feuerstellen die gewöhnliche Breite, bis zu ihrer Spitze aber würde nicht einmal der Körper einer großen Katze hindurchpassen. Da also ein Entkommen auf den genannten Wegen absolut unmöglich ist, bleiben uns nur noch die Fenster. Durch die des vorderen Raums hätte niemand fliehen können, ohne von der Menge auf der Straße bemerkt zu werden. Die Mörder *müssen* also durch die des hinteren Raums gestiegen sein. Nun, da wir auf tatsächlich so unzweideutige Weise zu dieser Schlussfolgerung gebracht worden sind, gehört es nicht zu unserer Rolle als logisch Denkende, sie wegen scheinbarer Unmöglichkeiten zu verwerfen. Es bleibt uns nur zu beweisen, dass diese scheinbaren ›Unmöglichkeiten‹ in Wirklichkeit keine sind.

Es gibt zwei Fenster in dem Zimmer. Eins davon ist nicht durch Möbel verstellt und vollständig sichtbar. Der untere Teil des anderen ist dem Blick entzogen durch das Kopfende des sperrigen Bettgestells, das dicht davorgeschoben ist. Das Erstere fand man von innen sicher verriegelt. Es widerstand der äußersten

Anstrengung derer, die es hochzuschieben versuchten. Ein großes Bohrloch war links in seinen Rahmen getrieben worden, und
man fand einen sehr starken Nagel darin eingepasst, fast bis zum
Kopf. Bei der Untersuchung des anderen Fensters entdeckte
man einen ähnlichen Nagel, in ähnlicher Weise eingepasst; und
ein energischer Versuch, diesen Rahmen hochzuschieben, miss-
lang ebenfalls. Die Polizei war nun restlos davon überzeugt, dass
es in dieser Richtung kein Entkommen gegeben habe. Und
daher hielt man es nicht für notwendig, die Nägel herauszuzie-
hen und die Fenster zu öffnen.

Meine eigene Untersuchung fiel etwas sorgfältiger aus, und
zwar aus dem eben genannten Grund – denn genau hier, das war
mir klar, *musste* sich erweisen, dass alle scheinbaren Unmöglichkeiten in Wirklichkeit keine sind.

Auf diese Weise dachte ich weiter – *a posteriori*. Die Mörder
waren durch eins dieser Fenster entkommen. Wenn dies der Fall
war, dann konnten sie die Rahmen nicht von innen in der Weise
wieder befestigt haben, wie man sie vorgefunden hatte – eine Über-
legung, die durch ihre Augenfälligkeit den Nachforschungen der
Polizei an dieser Stelle ein Ende setzte. Doch die Rahmen *waren*
befestigt. Sie *mussten* also in der Lage sein, sich selbsttätig zu schließen. Diese Schlussfolgerung war unausweichlich. Ich trat an das
unverstellte Fenster, zog mit einiger Mühe den Nagel heraus und
versuchte, den Rahmen hochzuschieben. Er hielt all meinen Versuchen stand, wie ich es erwartet hatte. Nun wusste ich, dass es eine
verborgene Feder geben musste; und diese Bestätigung meiner
Vermutung überzeugte mich, dass wenigstens meine Prämissen
korrekt waren, so mysteriös auch noch immer die Umstände schienen, die die Nägel betrafen. Eine sorgfältige Suche brachte die versteckte Feder bald ans Licht. Ich betätigte sie und, mit der Entde-
ckung zufrieden, verzichtete darauf, den Rahmen hochzuschieben.

Nun setzte ich den Nagel wieder ein und betrachtete ihn auf-
merksam. Eine Person, die durch dieses Fenster hinausgestiegen

war, könnte es wieder geschlossen haben, und die Feder wäre eingerastet – doch der Nagel konnte nicht wieder eingesetzt worden sein. Die Schlussfolgerung war klar, und sie grenzte das Feld meiner Nachforschungen wiederum ein. Die Mörder *mussten* durch das andere Fenster entkommen sein. Gesetzt also, die Federn waren an beiden Rahmen die gleichen, was wahrscheinlich war, dann *musste* sich ein Unterschied zwischen den Nägeln finden, oder zumindest in der Art ihrer Befestigung. Indem ich auf das Sackleinen des Bettgestells stieg, besah ich mir über das Kopfbrett des Bettes hinweg eingehend das zweite Fenster. Als ich meine Hand hinter dem Brett nach unten führte, entdeckte und betätigte ich ohne Weiteres die Feder, die, wie ich vermutet hatte, genauso konstruiert war wie ihr Pendant. Jetzt betrachtete ich den Nagel. Er war ebenso stark wie der andere und scheinbar in gleicher Weise eingepasst – eingeschlagen fast bis zum Kopf.

Sie werden sagen, dass ich ratlos war; doch falls Sie dies denken, so müssen Sie die Natur meiner Rückschlüsse missverstanden haben. Um einen Jagdausdruck zu verwenden: Nicht ein einziges Mal war ich auf ›falscher Fährte‹. Nicht einen Augenblick lang verlor ich die Witterung. In keinem Glied der Kette war ein Riss. Ich war dem Geheimnis bis zu seinem ultimativen Endpunkt nachgegangen – und dieser Endpunkt war *der Nagel*. Er hatte, sage ich, in jeder Hinsicht das Aussehen seines Artgenossen am anderen Fenster; doch diese Tatsache war absolut bedeutungslos im Vergleich zu der Erwägung, dass hier, an diesem Punkt, die Spur endete. ›Irgendetwas‹, sagte ich mir, ›*kann* mit dem Nagel nicht stimmen.‹ Ich berührte ihn; und der Kopf, daran etwa ein Viertelzoll vom Schaft, fiel in meine Hand. Der Rest des Schafts blieb im Bohrloch stecken, wo er abgebrochen war. Die Fraktur war alt (denn die Bruchkanten waren mit Rost bedeckt) und anscheinend von einem Hammerschlag verursacht worden, der das Kopfende des Nagels teilweise in das obere Stück des unteren Rahmen eingedrückt hatte. Nun platzierte ich dieses

Kopfende wieder sorgsam in der Einkerbung, aus der ich es entfernt hatte, und die Ähnlichkeit mit einem unversehrten Nagel war perfekt – der Bruch war nicht zu sehen. Ich betätigte die Feder und schob den Rahmen behutsam ein paar Zoll in die Höhe; der Nagelkopf hob sich mit ihm, fest in seiner Kerbe steckend. Ich schloss das Fenster, und der Anschein des ganzen Nagels war wieder perfekt.

Das Rätsel war nun so weit enträtselt. Der Mörder war durch das Fenster hinter dem Bett entkommen. Als es nach dessen Ausstieg von selbst zufiel (oder vielleicht absichtlich geschlossen wurde), wurde es durch die Feder verriegelt; und es war der Widerstand dieser Feder, den die Polizei fälschlich für den des Nagels gehalten hatte – wodurch weitere Nachforschungen als unnötig erachtet wurden.

Die nächste Frage ist die nach der Art und Weise des Abstiegs. Über diesen Punkt hatte mir mein Rundgang mit Ihnen um das Gebäude Klarheit verschafft. Etwa fünfeinhalb Fuß von dem fraglichen Fenster entfernt verläuft ein Blitzableiter. Von dieser Stange aus wäre es für jeden unmöglich gewesen, das Fenster selbst zu erreichen, geschweige denn hineinzuklettern. Ich bemerkte jedoch, dass die Fensterläden des vierten Stocks von jener sonderbaren Art waren, die die Pariser Zimmerleute *ferrades* nennen – eine Art, die heutzutage selten verwendet wird, aber häufig zu sehen ist an sehr alten Herrenhäusern in Lyon und Bordeaux. Sie haben die Form einer gewöhnlichen Tür (einer einfachen, keiner Flügeltür), nur dass die obere Hälfte vergittert oder als Spalier gearbeitet ist – den Händen also ausgezeichneten Halt bietet. In unserem Fall sind diese Läden ganze dreieinhalb Fuß breit. Als wir sie von der Rückseite des Hauses aus sahen, waren sie etwa halb geöffnet – das heißt, sie standen im rechten Winkel von der Hauswand ab. Es ist wahrscheinlich, dass die Polizeibeamten die Hinterseite des Wohnhauses ebenso gut untersucht haben wie ich selbst; falls dem so ist, dann blickten sie auf die *ferrades* exakt in der Linie ihrer Breite (wie sie es ja mussten) und bemerkten daher diese große Breite selbst gar nicht oder versäumten es jedenfalls, sie gebührend in Erwägung zu ziehen. Da sie sich ja tatsächlich bereits davon überzeugt hatten, dass hier ein Ausstieg nicht bewerkstelligt werden konnte, dürften sie diese Stelle natürlich einer sehr oberflächlichen Untersuchung gewürdigt haben. Mir jedoch war klar, dass der Laden, der zu dem Fenster am Kopfende des Bettes gehört, bis auf zwei Fuß an den Blitzableiter heranreichen würde, wenn er ganz bis zur Wand geöffnet wäre. Ebenso war es offensichtlich, dass, durch Aufbietung eines überaus ungewöhnlichen Grades an Behändigkeit und Mut, auf diese Weise von der Stange aus ein Einstieg durch das Fenster erfolgt sein könnte. – Indem er sich bis zur Distanz von zweieinhalb Fuß hinüberstreckte (wir nehmen nun an, der Laden sei ganz geöffnet), könnte ein Räuber mit festem Griff das Spalierwerk zu fassen bekommen haben. Indem er dann die Stange losließ, seine Füße sicher gegen die Wand stemmte und sich kühn von ihr abstieß, könnte er den Laden gänzlich herum- und, wenn wir uns das Fenster dabei geöffnet denken, sich selbst sogar in den Raum hineingeschwungen haben.

Ich bitte Sie zu berücksichtigen, dass ich von einem *überaus* ungewöhnlichen Grad an Behändigkeit gesprochen habe, der für das Gelingen eines derart riskanten und schwierigen Kunststücks erforderlich ist. Meine Absicht ist erstens, Ihnen zu zeigen, dass die Sache durchaus vollbracht werden konnte – zweitens und *hauptsächlich* aber möchte ich Ihrem Verstand den *ganz außerordentlichen* – den geradezu übernatürlichen Charakter jener Agilität verdeutlichen, die dazu nötig war.

Sie werden, sich der Juristensprache bedienend, zweifellos sagen, dass ich, ›um in meinem Fall zu argumentieren‹, die in dieser Sache erforderliche Behändigkeit eher unterbewerten sollte, als auf ihrer vollen Veranschlagung zu bestehen. Das mag zwar die Rechtspraxis sein, entspricht aber nicht dem Gebrauch der

Vernunft. Mein eigentliches Ziel ist allein die Wahrheit. Meine jetzige Absicht ist, Sie dahin zu bringen, jene *überaus ungewöhnliche* Behändigkeit, von der ich gerade gesprochen habe, jener *überaus eigentümlichen* schrillen (oder harschen) und *ungleichmäßigen* Stimme gegenüberzustellen, über deren Nationalität keine zwei Personen einer Meinung und in deren Äußerungen keinerlei deutliche Silben auszumachen waren.«

Bei diesen Worten huschte mir eine vage und halbgeformte Vorstellung davon durch den Sinn, was Dupin meinte. Ich schien an der Schwelle des Begreifens, ohne begreifen zu können – so wie sich der Mensch bisweilen am Rand des Erinnerns befindet, ohne sich letztendlich erinnern zu können. Mein Freund setzte seinen Vortrag fort.

»Sie sehen«, sagte er, »dass ich die Frage von der Art des Ausstiegs auf die des Einstiegs verlagert habe. Es war meine Absicht, darauf hinzuweisen, dass beide auf dieselbe Weise, an derselben Stelle erfolgten. Wenden wir uns nun wieder dem Inneren des Raumes zu. Lassen Sie uns sein Erscheinungsbild prüfen. Die Schubladen der Kommode, heißt es, seien geplündert worden, obwohl viele Kleidungsstücke darin verblieben waren. Diese Schlussfolgerung ist absurd. Sie ist eine bloße Vermutung – eine ziemlich alberne – und nichts weiter. Wie können wir sicher sein, dass die in den Schubladen gefundenen Sachen nicht alles waren, was diese Schubladen ursprünglich enthielten? Madame L'Espanaye und ihre Tochter führten ein äußerst zurückgezogenes Leben – waren nie in Gesellschaft – gingen selten aus – hatten wenig Verwendung für eine große Auswahl an Kleidern. Die gefundenen waren von genau der guten Qualität, die man bei den Kleidern dieser Damen erwarten konnte. Falls ein Dieb einige davon mitgenommen hat, warum nahm er dann nicht die besten – warum nahm er nicht alle mit? Kurz, warum ließ er viertausend Franc in Gold liegen, um sich mit einem Bündel Wäsche zu beladen? Das Gold *wurde* liegengelassen. Fast die ganze Summe, die Monsieur Mignaud, der Bankier, erwähnte, wurde in Beuteln auf dem Fußboden gefunden. Ich bitte Sie daher, sich die täppische Idee eines *Motivs* aus dem Kopf zu schlagen, die jener Teil der Zeugenaussagen, der an der Haustür abgeliefertes Geld erwähnt, in den Hirnen der Polizei erzeugt hat. Koinzidenzen, die zehnmal so bemerkenswert sind wie diese (die Lieferung des Geldes und drei Tage später der Mord an seinen Empfängern), begegnen uns allen in jeder Stunde unseres Lebens, ohne dass sie auch nur kurzzeitig unsere Aufmerksamkeit erregen. Im Allgemeinen sind Koinzidenzen ein mächtiger Stolperstein auf dem Weg jener Klasse von Denkern, die dazu ausgebildet wurden, nichts von der Wahrscheinlichkeitstheorie zu wissen – jener Theorie, der die herrlichsten Objekte menschlicher Forschung die herrlichste Veranschaulichung zu verdanken haben. Wäre im vorliegenden Fall das Gold verschwunden gewesen, so hätte die Tatsache seiner Lieferung drei Tage zuvor mehr als eine Koinzidenz bedeutet. Sie hätte jene Idee von einem Motiv bestätigt. Doch unter den realen Umständen des Falls müssten wir, wenn wir Gold als das Motiv dieser Gräueltat ansehen wollten, uns dabei den Täter als einen derart wankelmütigen Idioten vorstellen, dass er mitsamt seinem Gold auch gleich sein Motiv liegenließ.

Indem wir uns nun beständig die Punkte vor Augen halten, auf die ich Ihre Aufmerksamkeit gelenkt habe – jene eigentümliche Stimme, jene ungewöhnliche Agilität und jenes verblüffende Fehlen eines Motivs bei einem so ausnehmend grauenhaften Mord wie diesem –, lassen Sie uns das Gemetzel selbst betrachten. Hier wird eine Frau erwürgt und mit dem Kopf nach unten den Schornstein hinaufgezwängt. Gewöhnliche Mörder verwenden keine Meuchelmethoden wie diese. Am allerwenigsten beseitigen sie den Ermordeten auf solche Weise. In dem Verhalten, den Leichnam den Kamin hinaufzuzwängen, liegt, wie Sie zugeben werden, etwas *ungeheuer Outriertes* – etwas mit unserer gängigen Auffassung von menschlichem Tun vollkommen Unvereinbares, selbst wenn wir annehmen, die Täter seien die Verderbtesten aller Menschen. Bedenken Sie auch, wie groß jene Kraft gewesen sein muss, die die Leiche eine derartige Öffnung so gewaltsam *hinauf-*zwängen konnte, dass die gemeinsame Anstrengung mehrerer Personen gerade so ausreichte, um sie wieder *herunter*zuziehen!

Wenden wir uns nun weiteren Indizien für den Einsatz einer höchst fabelhaften Tatkraft zu. Auf der Feuerstelle lagen dicke Strähnen – sehr dicke Strähnen – grauen Menschenhaars. Diese waren mit den Wurzeln ausgerissen worden. Sie wissen, welch große Kraft dazu gehört, auf diese Weise auch nur zwanzig oder dreißig Haare zusammen aus dem Kopf zu reißen. Sie sahen besagte Haarbüschel ebenso gut wie ich. Ihre Wurzeln (ein scheußlicher Anblick!) waren verklumpt von den Fleischfetzen der Kopfhaut – ein sicheres Zeichen der ungeheuren Gewalt, mit der vielleicht eine halbe Million Haare auf einmal entwurzelt wurden. Die Kehle der alten Dame war nicht bloß durchschnitten, sondern der Kopf völlig vom Rumpf abgetrennt: Das Werkzeug war nichts anderes als ein Rasiermesser. Beachten Sie bitte auch die *brutale* Wildheit dieser Taten. Ich spreche nicht von den Prellungen an der Leiche der Madame L'Espanaye. Monsieur Dumas und sein ehrenwerter Assistent Monsieur Etienne haben erklärt, sie seien mittels eines stumpfen Gegenstands beigebracht worden: Und insoweit liegen diese Gentlemen ganz richtig. Der stumpfe Gegenstand war offensichtlich das Steinpflaster im Hof, auf das das Opfer von dem Fenster aus gefallen war, das sich hinter dem Bett befindet. Dieser Gedanke, so simpel er jetzt scheinen mag, entging der Polizei aus demselben Grund, aus dem ihr die Breite der Fensterläden entging – weil die Sache mit den Nägeln ihre Wahrnehmung hermetisch vor der Möglichkeit verschlossen hatte, dass die Fenster überhaupt jemals geöffnet worden waren.

Wenn Sie nun zusätzlich zu alldem noch das seltsame Durcheinander im Zimmer angemessen bedacht haben, sind wir so weit

gekommen, die Ideen zu kombinieren: eine frappierende Agilität, eine übermenschliche Stärke, eine brutale Wildheit, ein Gemetzel ohne Motiv, eine *grotesquerie* des Grauens, ganz fernab
von allem Menschlichen, und eine Stimme, deren Tonfall den
Ohren von Menschen vieler Nationen fremd und die frei war von
jeder deutlichen und verständlichen Silbenformung. Welches
Resultat also hat sich ergeben? Welchen Eindruck habe ich auf
Ihre Einbildungskraft gemacht?«

Ich bekam eine Gänsehaut, als Dupin mir die Frage stellte.
»Ein Wahnsinniger«, sagte ich, »hat diese Tat verübt – irgend-
ein rasender Irrer, entflohen aus einer benachbarten *Maison de
Santé*.«

»In verschiedener Hinsicht«, antwortete er, »ist Ihre Vermutung nicht unbegründet. Doch die Stimme eines Wahnsinnigen
hat selbst in dessen wildesten Paroxysmen niemals Ähnlichkeit
mit jener eigentümlichen Stimme, die man auf der Treppe hörte.
Ein Wahnsinniger gehört irgendeiner Nation an, und seine Sprache, so unzusammenhängend deren Wörter sein mögen, hat doch
immer den Zusammenhang der Silbenbildung. Außerdem hat
ein Wahnsinniger nicht solches Haar, wie ich es hier in meiner
Hand halte. Ich löste dieses kleine Büschel aus den starr ver-
krampften Fingern der Madame L'Espanaye. Sagen Sie mir, was
Sie damit anfangen können.«

»Dupin!« sagte ich, mit den Nerven am Ende; »dieses Haar
ist höchst ungewöhnlich – das ist kein *menschliches* Haar.«

»Ich habe nicht behauptet, dass es das ist«, erwiderte er; »doch
bevor wir über diesen Punkt entscheiden, möchte ich, dass Sie
einen Blick auf die kleine Skizze werfen, die ich auf dieses Blatt
übertragen habe. Es ist ein gezeichnetes *Faksimile* dessen, was in
einem Teil der Aussage als ›dunkle Quetschungen und tiefe Eindrücke von Fingernägeln‹ beschrieben wurde und in einem anderen (dem der Messieurs Dumas und Etienne) als ›eine Reihe
blauer Flecken, offensichtlich Fingereindrücke‹.

Sie werden bemerken«, fuhr mein Freund fort, während er das Blatt vor uns auf dem Tisch ausbreitete, »dass diese Zeichnung die Vorstellung eines festen und eisernen Griffs vermittelt. Es ist keinerlei *Abgleiten* sichtbar. Jeder Finger hat – möglicherweise bis zum Tod des Opfers – den fürchterlichen Griff beibehalten, mit dem er sich ursprünglich eingrub. Versuchen Sie jetzt, alle Ihre Finger gleichzeitig auf die entsprechenden Eindrücke zu legen, die Sie hier sehen.«

Ich versuchte es vergebens.

»Vielleicht geben wir der Sache keine faire Chance«, sagte Dupin. »Das Papier ist auf einer ebenen Fläche ausgebreitet; der menschliche Hals aber ist zylindrisch. Hier ist ein rundes Holzstück, dessen Umfang in etwa dem eines Halses entspricht. Wickeln Sie die Zeichnung herum und wiederholen Sie das Experiment.«

Das tat ich; doch die Problematik war sogar noch sichtbarer als zuvor. »Dies«, sagte ich, »ist nicht der Abdruck einer menschlichen Hand.«

»Lesen Sie jetzt«, erwiderte Dupin, »diesen Abschnitt von Cuvier.«

Es war eine minuziöse anatomische und allgemein beschreibende Darstellung des großen hellbraunen Orang-Utans der ostindischen Inseln. Die riesenhafte Statur, die ungeheure Kraft und Behändigkeit, die unbändige Wildheit und der Nachahmungstrieb dieser Säugetiere sind jedermann hinreichend bekannt. Schlagartig begriff ich den ganzen Schrecken des Mordes.

»Die Beschreibung der Finger«, sagte ich, als ich zu Ende gelesen hatte, »stimmt exakt mit dieser Zeichnung überein. Ich erkenne jetzt, dass kein Tier außer einem Orang-Utan der hier erwähnten Spezies solche Einkerbungen verursacht haben kann, wie Sie sie nachgezeichnet haben. Auch dieses Büschel gelbbrauner Haare ist in seinen Eigenschaften identisch mit dem von Cuviers Tier. Doch die Einzelheiten dieses schrecklichen Rätsels kann ich unmöglich erfassen. Außerdem hat man *zwei* streitende Stimmen gehört, und eine davon war fraglos die Stimme eines Franzosen.«

»Richtig; und Sie werden sich an einen Ausdruck erinnern, den man in den Zeugenaussagen fast einmütig dieser Stimme zuge-schrieben hat – den Ausdruck *›mon Dieu!‹*. Dieser ist, unter den gegebenen Umständen zu Recht, von einem der Zeugen (von Montani, dem Konditor) als Ausdruck des Einspruchs oder Pro-tests charakterisiert worden. Auf diese zwei Wörter habe ich daher hauptsächlich meine Hoffnungen gegründet, das Rätsel vollstän-dig zu lösen. Ein Franzose wusste von dem Mord. Es ist möglich – tatsächlich ist es weit mehr als wahrscheinlich –, dass er jeglicher Beteiligung an den blutigen Vorgängen, die sich ereigneten, un-schuldig ist. Der Orang-Utan mag ihm entwischt sein. Er könnte das Tier bis zu dem Zimmer verfolgt haben; doch unter den auf-regenden Umständen, die dann eintraten, hätte er es niemals wie-der einfangen können. Es läuft noch immer frei herum. Ich werde diese Spekulationen nicht fortsetzen – denn ich habe kein Recht, sie als mehr zu bezeichnen – da die schemenhaften Überlegungen, auf denen sie basieren, kaum hinreichend gründlich sind, um für meinen eigenen Intellekt akzeptabel zu sein, und ich daher nicht so tun kann, als würde ich sie dem Verstand eines anderen begreiflich machen. Wir werden sie also Spekulationen nennen und von ihnen als solchen sprechen. Falls besagter Franzose wirklich, wie ich es annehme, an dieser Gräueltat unschuldig ist, so wird diese Anzeige, die ich gestern Abend auf unserem Heimweg im Büro von ›Le Monde‹ aufgab (eine Zeitung, die der Schifffahrt gewidmet und bei Seeleuten sehr gefragt ist), ihn in unsere Wohnung führen.« Er reichte mir eine Zeitung, und ich las Folgendes:

EINGEFANGEN – *Im Bois de Boulogne, früh am Morgen des …* *d. M. (der Morgen des Mordes), ein sehr großer, gelbbrauner Orang-Utan der Spezies Borneo. Der Besitzer (der, wie man ermittelt hat, Matrose auf einem maltesischen Schiff ist) kann das Tier wieder-haben, sobald er es glaubhaft identifiziert und ein paar Aufwendungen für*

dessen Einfangen und Verpflegung bezahlt hat. Abzuholen bei Nr. …,
Rue …, Faubourg St. Germain – au troisième.

»Wie war es Ihnen möglich zu wissen«, fragte ich, »dass der
Mann ein Matrose ist und zu einem maltesischen Schiffe gehört?«

»Ich weiß es *nicht*«, sagte Dupin. »Ich bin dessen nicht *sicher*.
Hier ist jedoch ein kleines Stück Band, das seiner Form und seinem schmierigen Aussehen nach offenbar dazu benutzt wurde,
das Haar zu einer jener langen *queues* zusammenzubinden, die
Matrosen so gern tragen. Ferner ist dies ein Knoten, den außer
Seeleuten nur wenige knüpfen können und der eine Spezialität der
Malteser ist. Ich hob das Band am Fuß des Blitzableiters auf. Es
konnte keiner der Verstorbenen gehören. Falls ich nun am Ende
falsch liege mit meiner Folgerung aus diesem Band, dass der
Franzose ein Seemann ist und zu einem maltesischen Schiff gehört, so kann ich mit meinen Aussagen in der Anzeige dennoch
keinen Schaden angerichtet haben. Irre ich mich, wird er lediglich
annehmen, dass ich durch irgendeinen Umstand fehlgeleitet worden bin, dem nachzuforschen er sich nicht die Mühe machen
wird. Liege ich jedoch richtig, so ist sehr viel gewonnen. Als zwar
Unschuldiger, aber immerhin Mitwisser des Mordes wird der
Franzose natürlich zögern, auf die Anzeige zu antworten – den
Orang-Utan zurückzufordern. Er wird sich Folgendes über-
legen: ›Ich bin unschuldig; ich bin arm; mein Orang-Utan ist von
großem Wert – für jemanden in meinen Verhältnissen ein regel-
rechtes Vermögen – warum soll ich ihn durch das kleinliche Be-
fürchten von Gefahr verlieren? Da ist er, zum Greifen nah. Er
wurde im Bois de Boulogne gefunden – in großer Entfernung
zum Schauplatz jenes Gemetzels. Wie sollte je der Verdacht auf-
kommen, dass ein wildes Tier die Tat begangen hat? Die Polizei
tappt im Dunkeln – sie konnte nicht den leisesten Anhaltspunkt
finden. Selbst wenn sie das Tier aufspürten, wäre es unmöglich,
zu beweisen, dass ich von dem Mord gewusst habe, oder mir we-

gen dieser Mitwisserschaft eine Schuld anzuhängen. Vor allem, *man weiß von mir*. Der Inserent bezeichnet mich als den Besitzer des Tieres. Ich bin mir nicht sicher, wie weit sich sein Wissen erstrecken könnte. Sollte ich es unterlassen, Anspruch auf einen derart wertvollen Besitz zu erheben, von dem man weiß, dass er mir gehört, würde ich das Tier zumindest verdächtig machen. Ich habe kein Interesse daran, Aufmerksamkeit auf mich oder auf das Tier zu lenken. Ich werde mich auf die Anzeige melden, den Orang-Utan abholen und ihn eingesperrt lassen, bis sich die Wogen geglättet haben.‹«

In diesem Moment hörten wir einen Schritt auf der Treppe.

»Halten Sie Ihre Pistolen bereit«, sagte Dupin, »doch weder benutzen noch zeigen Sie sie, bis ich Ihnen ein Zeichen gebe.«

Die Vordertür des Hauses hatten wir offen gelassen, und ohne zu läuten, war der Besucher eingetreten und einige Stufen die Treppe heraufgegangen. Jetzt aber schien er zu zögern. Bald darauf hörten wir ihn hinuntergehen. Dupin bewegte sich schon rasch Richtung Tür, als wir ihn wieder heraufkommen hörten. Er kehrte kein zweites Mal um, sondern stieg entschlossen nach oben und klopfte an die Tür unseres Zimmers.

»Herein«, rief Dupin, in einem heiteren und herzlichen Tonfall.

Ein Mann kam herein. Er war Matrose, ohne jeden Zweifel – eine große, stämmige, muskulös aussehende Person, mit einem gewissen Ausdruck von Draufgängertum in den Zügen, durchaus nicht abstoßend. Mehr als die Hälfte seines tief sonnengebräunten Gesichts war verdeckt von Backenbart und *mustachio*. Er hatte einen riesigen Eichenholzknüppel bei sich, schien sonst aber unbewaffnet zu sein. Er verbeugte sich unbeholfen und wünschte uns ›Guten Abend‹, in einer Klangfarbe des Französischen, die, obwohl ein wenig neufchâtellisch, dennoch hinreichend auf einen Pariser Ursprung deutete.

»Setzen Sie sich, mein Freund«, sagte Dupin. »Ich vermute, Sie sind wegen des Orang-Utans gekommen. Auf mein Wort, ich beneide Sie fast darum, dass Sie ihn besitzen; ein bemerkenswert schönes und zweifellos sehr wertvolles Tier. Für wie alt halten Sie ihn?«

Der Matrose tat einen langen Atemzug, mit der Miene eines Mannes, der von irgendeiner unerträglichen Last befreit wurde, und erwiderte dann in einem zuversichtlichen Ton:

»Kann ich nicht genau sagen – aber er dürfte nicht mehr als vier oder fünf Jahre alt sein. Haben Sie ihn hier?«

»O nein; wir hatten nichts Zweckmäßiges, um ihn hier unterzubringen. Er ist in einem Mietstall in der Rue Dubourg, ganz in der Nähe. Sie können ihn morgen früh abholen. Selbstverständlich sind Sie darauf vorbereitet, den Besitz zu belegen?«

»Klar bin ich das, Sir.«

»Es wird mir leidtun, mich von ihm zu trennen«, sagte Dupin.

»Ich meine ja nicht, dass Sie diesen ganzen Ärger für nichts gehabt haben sollen, Sir«, sagte der Mann. »Konnte ich nicht erwarten. Bin durchaus bereit, einen Finderlohn für das Tier zu bezahlen – soll heißen, irgendwas Angemessenes.«

»Gut«, erwiderte mein Freund, »das ist alles recht fair, gewiss. Lassen Sie mich nachdenken! – was sollte ich wohl bekommen? Oh! Ich will es Ihnen sagen. Meine Belohnung soll Folgendes sein. Sie werden mir sämtliche Ihrerseits verfügbaren Informationen geben über diese Morde in der Rue Morgue.«

Dupin sagte die letzten Worte in einem sehr gedämpften Ton, und sehr ruhig. Ebenso ruhig ging er dabei zur Tür, schloss sie ab und steckte den Schlüssel in seine Tasche. Dann zog er eine Pistole aus seiner Brusttasche und legte sie ohne die geringste Nervosität auf den Tisch.

Das Gesicht des Matrosen lief rot an, als ringe er mit dem Ersticken. Er sprang auf und packte seinen Knüppel; doch im nächsten Moment fiel er zurück auf seinen Stuhl, heftig zitternd und bleich wie der Tod. Er sprach kein einziges Wort. Ich bedauerte ihn von ganzem Herzen.

»Mein Lieber«, sagte Dupin in freundlichem Ton, »Sie regen sich ganz unnötig auf – das tun Sie tatsächlich. Wir wollen Ihnen wirklich nichts Böses. Ich verspreche Ihnen bei der Ehre eines Gentleman und eines Franzosen, dass wir Ihnen keinerlei Schaden zufügen wollen. Ich weiß ganz genau, dass Sie unschuldig sind an den Gräueltaten in der Rue Morgue. Es hat jedoch keinen Zweck, zu leugnen, dass Sie zu einem gewissen Grad darin verwickelt sind. Anhand dessen, was ich bereits gesagt habe, müssen Sie erkennen, dass ich Mittel und Wege gehabt habe, mich über diese Sache in Kenntnis zu setzen – Mittel, von denen Sie nicht einmal geträumt haben können. Die Dinge stehen nun folgendermaßen. Sie haben nichts getan, was Sie hätten verhindern können – jedenfalls nichts, das Sie schuldig sein lässt. Sie haben sich nicht einmal des Raubes schuldig gemacht, als Sie ungestraft hätten rauben können. Sie haben nichts zu verbergen. Sie haben keinen Grund dazu. Andererseits sind Sie durch jedwedes Ehrgefühl verpflichtet, alles zu bekennen, was Sie wissen. Ein Unschuldiger sitzt derzeit in Haft und wird jenes Verbrechens beschuldigt, dessen Täter Sie nennen können.«

Der Matrose hatte seine Geistesgegenwart großenteils wiedererlangt, während Dupin diese Worte sprach; seine ursprüngliche Kühnheit aber war völlig verflogen.

»So wahr mir Gott helfe«, sagte er nach einer kurzen Pause, »ich *werde* Ihnen alles sagen, was ich über diese Affäre weiß – aber ich erwarte nicht, dass Sie's auch nur zur Hälfte glauben, was ich sage – ich wäre ein Trottel, wenn ich's täte. Doch ich *bin* unschuldig, und ich will reinen Tisch machen, bei meinem Leben.«

Was er aussagte, war im Wesentlichen dies. Er hatte kürzlich eine Fahrt zum ostindischen Archipel gemacht. Ein Trupp, darunter auch er, ging auf Borneo an Land und begab sich ins Inselinnere auf einen Vergnügungsausflug. Er und ein Kamerad hatten den Orang-Utan gefangen. Als dieser Kamerad starb, kam er in den alleinigen Besitz des Tieres. Nach großen Schwierigkeiten, verursacht durch die störrische Wildheit seines Fangs während der Heimfahrt, gelang es ihm schließlich, ihn in seiner eigenen Wohnung in Paris unterzubringen, und um nicht die unliebsame Neugier der Nachbarn auf sich zu lenken, hielt er ihn dort sorgfältig unter Verschluss, bis sich das Tier von einer Fußwunde erholt hätte, die es sich an Bord des Schiffs durch einen Splitter zugezogen hatte. Sein Plan war letztlich, es zu verkaufen.

Als er in der Nacht oder besser am Morgen des Mordes von irgendeiner Seemannsfeierei nach Hause kam, fand er das Tier in seinem Schlafzimmer vor, ausgebrochen aus einem daran angrenzenden Verschlag, in dem es, wie er dachte, sicher eingesperrt gewesen war. Mit dem Rasiermesser in der Hand und völlig eingeseift, saß es vor dem Spiegel und mühte sich mit dem Prozedere der Rasur, bei der es seinen Herrn zweifellos früher durch das Schlüsselloch des Verschlags beobachtet hatte. Angesichts einer so gefährlichen Waffe in Händen eines derart wilden und zu ihrem Gebrauch fähigen Tieres war der Mann ein paar Momente lang ratlos, was er tun sollte. Er hatte sich jedoch angewöhnt, die Kreatur selbst in ihren heftigsten Launen mithilfe einer Peitsche zur Ruhe zu bringen, und auf diese griff er jetzt zurück. Bei ihrem Anblick sprang der Orang-Utan sofort durch die Zimmertür, die Treppe hinunter und von dort durch ein unglücklicherweise offen stehendes Fenster auf die Straße.

Der Franzose folgte ihm verzweifelt; während der Affe, das Rasiermesser noch immer in Händen, gelegentlich stehen blieb, um zurückzublicken und in Richtung seines Verfolgers zu gestikulieren, bis Letzterer ihn fast eingeholt hatte. Dann machte er sich wieder davon. In dieser Weise dauerte die Jagd lange Zeit fort. Auf den Straßen herrschte völlige Ruhe, da es fast drei Uhr morgens war. Als er eine Gasse hinter der Rue Morgue hinunterlief, wurde die Aufmerksamkeit des Flüchtlings von einem Licht gefesselt, das durch das offene Fenster von Madame L'Espanayes Zimmer im vierten Stock ihres Hauses schimmerte. Er stürzte auf das Gebäude zu, bemerkte dabei den Blitzableiter, kletterte mit unvorstellbarer Agilität hinauf, packte den Fensterladen, der bis an die Wand aufgestoßen war, und schwang sich mit dessen Hilfe direkt auf das Kopfbrett des Bettes. Das ganze Kunststück dauerte keine Minute. Als der Orang-Utan in das Zimmer eindrang, stieß er den Laden mit einem Tritt wieder auf.

Derweil war der Matrose ebenso sehr erfreut wie perplex. Er hatte die starke Hoffnung, das Tier nun wieder einzufangen, denn aus der Falle, in die es sich hineingewagt hatte, konnte es kaum anders entkommen als über die Stange, wo man es abfangen konnte, wenn es herunterkam. Andererseits bestand viel Grund zur Sorge darüber, was es in dem Haus anrichten könnte. Letztere Erwägung drängte den Mann dazu, den Flüchtling weiterhin zu verfolgen. Ein Blitzableiter ist mühelos zu erklettern, besonders für einen Matrosen; als er jedoch auf gleicher Höhe mit dem Fenster war, das weit links von ihm lag, kam er nicht weiter; das Äußerste, was er zustande brachte, war, sich so weit hinüberzulehnen, dass er einen Blick in das Innere des Raums erhaschen konnte. Bei diesem flüchtigen Blick verlor er fast den Halt vor ungeheurem Entsetzen. Und jetzt also gellten jene grässlichen Schreie durch die Nacht, die die Bewohner der Rue Morgue aus dem Schlaf schrecken ließen. Madame L'Espanaye und ihre Tochter, bekleidet mit ihren Nachthemden, waren offenbar damit beschäftigt gewesen, einige Papiere in der schon erwähnten eisernen Kassette zu ordnen, die in die Mitte des Zimmers gerollt worden war. Sie stand offen, und ihr Inhalt lag neben ihr auf dem Boden. Die Opfer müssen mit dem Rücken zum Fenster gesessen haben; und wegen der Zeit, die zwischen dem Eindringen des Tieres und den Schreien verging, scheint es naheliegend, dass es nicht sofort bemerkt wurde. Das Zuschlagen des Fensterladens dürfte natürlich dem Wind zugeschrieben worden sein.

Als der Matrose hineinsah, hatte das riesenhafte Tier Madame L'Espanaye an den Haaren gepackt (die noch gelöst waren, da sie sie gerade gekämmt hatte) und fuchtelte mit dem Rasiermesser vor ihrem Gesicht herum, die Bewegungen eines Barbiers nachahmend. Die Tochter lag ausgestreckt und reglos auf dem Boden; sie war ohnmächtig geworden. Das Schreien und Um-sich-Schlagen der alten Dame (wobei ihr das Haar vom Kopf gerissen wurde) hatte den Effekt, die wahrscheinlich friedfertigen Absichten des Orang-Utans in Zorn zu verwandeln. Mit einem einzigen energischen Schwung seines muskulösen Arms trennte er ihren Kopf beinahe völlig vom Rumpf. Der Anblick von Blut entflammte seine Wut bis zur Raserei. Zähneknirschend und feurig blitzenden Auges stürzte er sich auf den Körper des Mädchens, grub seine furchtbaren Krallen in ihren Hals und lockerte seinen Griff nicht mehr, bis sie tot war. Seine ziellosen wilden Blicke fielen in diesem Moment auf das Kopfende des Bettes, über dem just das Gesicht seines Herrn sichtbar war, starr vor Entsetzen. Die Wut des Tieres, das sich gewiss noch immer an die gefürchtete Peitsche erinnerte, schlug augenblicklich um in Angst. In dem Bewusstsein, dass es Strafe verdiente, schien es bestrebt, seine Bluttaten zu verbergen, und sprang im Zimmer umher in angstvoll-nervöser Erregung; dabei warf es die Möbel um und zerschlug sie und riss Decken und Kissen vom Bettgestell. Schließlich packte es erst den Leichnam der Tochter und zwängte ihn den Schornstein hinauf, wie er gefunden wurde; dann jenen der alten Dame, den es augenblicklich kopfüber aus dem Fenster schleuderte.

Als sich der Affe mit seiner verstümmelten Last dem Fenster näherte, schreckte der Matrose entsetzt bis zur Stange zurück und, nachdem er daran eher hinuntergeglitten als -geklettert war, eilte schnurstracks nach Hause – er fürchtete die Folgen des

Gemetzels und ließ, in seinem Entsetzen, gern alle Besorgnis um das Schicksal des Orang-Utans fahren. Die Worte, die die Gruppe auf der Treppe hörte, waren die Schreckens- und Entsetzensschreie des Franzosen, vermischt mit dem teuflischen Geplapper des Tieres.

Ich habe kaum etwas hinzuzufügen. Der Orang-Utan muss über die Stange aus dem Zimmer entkommen sein, kurz bevor man die Tür aufbrach. Als er hindurchstieg, muss er das Fenster geschlossen haben. Er wurde später vom Besitzer selbst gefangen, der vom *Jardin des Plantes* eine beträchtliche Summe für ihn kassierte. Le Bon wurde unverzüglich entlassen, nachdem wir den Sachverhalt (mit einigen Kommentaren Dupins) im *bureau* des Polizeipräfekten erläutert hatten. Dieser Beamte, so gewogen er meinem Freund auch war, konnte doch seinen Verdruss über die Wendung, die die Affäre genommen hatte, nicht völlig verbergen und gönnte sich daraufhin ein oder zwei Sarkasmen bezüglich der schönen Anstandsregel, nach der jeder sich um seine eigenen Angelegenheiten kümmert.

»Lassen Sie ihn reden«, sagte Dupin, der es nicht für nötig befunden hatte, zu antworten. »Lassen Sie ihn palavern; es wird sein Gewissen beruhigen. Mir genügt es, ihn in seinem eigenen Revier geschlagen zu haben. Übrigens, dass ihm die Lösung dieses Rätsels misslungen ist, ist keineswegs so verwunderlich, wie er vermutet; denn tatsächlich ist unser Freund, der Präfekt, etwas zu schlau, um tiefsinnig zu sein. Seine Weisheit hat kein *stamen*. Sie ist bloß Kopf und kein Körper, wie die Bilder der Göttin Laverna – oder bestenfalls bloß Kopf und Schultern, wie ein Dorsch. Ansonsten aber ist er ein guter Kerl. Ich mag ihn besonders wegen eines bravourösen Redemanövers, durch das er sich den Ruf des Einfallsreichtums erworben hat, nämlich seine Art ›*de nier ce qui est, et d'expliquer ce qui n'est pas*‹[*].«

---

[*] Rousseau, *Nouvelle Héloïse*.

DER UNTERGANG DES HAUSES USHER

Son cœur est un luth suspendu;
Sitôt qu'on le touche il résonne.

De Béranger

Einen ganzen Tag lang, einen trüben, dunklen und lautlosen Tag im Herbst des Jahres, während die Wolken bedrückend tief am Himmel hingen, war ich, allein und zu Pferd, durch einen seltsam trostlosen Landstrich geritten; und endlich kam ich, als eben die Schatten des Abends sich senkten, in Sichtweite des melancholischen Hauses Usher. Ich weiß nicht, wie es geschah – doch beim ersten flüchtigen Anblick seiner Mauern durchfloss ein Gefühl unerträglicher Schwermut meinen Geist. Ich sage unerträglich; denn diese Empfindung wurde durch keine jener halb-angenehmen, weil poetischen, Anwandlungen gemildert, mit denen das Gemüt für gewöhnlich selbst die finstersten Natureindrücke von Verlassenheit oder Schrecken in sich aufnimmt. Ich blickte auf die Szene vor mir – auf das Haus selbst und die reizlose Landschaft des Grundstücks – auf die abweisenden Mauern – auf die wie leere Augen starrenden Fenster – auf einige wuchernde Riedgrasbüschel – und auf ein paar weißliche Stümpfe abgestorbener Bäume – mit einer so völligen Bedrückung der Seele, dass ich sie mit keinem anderen irdischen Gefühl besser vergleichen kann als mit dem des aus träumerischem Rausch erwachenden Opiumzechers – der bittere Rückfall in die Alltäglichkeit – das grässliche Lüften des Schleiers. Es war eine eisige Kälte, eine Beschwernis, ein Siechtum des Herzens – eine unerlöste Düsterkeit des Gedankens, die kein noch so gewaltsamer Akt der Einbildungskraft zu irgendetwas Erhabenem umzwingen konnte. Was aber war es – ich hielt inne, um nachzudenken –, was war es, das mich bei meinen Betrachtungen des Hauses Usher so bedrückte? Es war ein ganz und gar unlösbares Rätsel; auch konnte ich der schemenhaften Einbildungen nicht Herr werden, die mich in meiner Grübelei bestürmten. Zwangsläufig musste ich auf die unbefriedigende Schlussfolgerung zurückfallen, dass es zwar zweifellos Kombinationen von sehr simplen natürlichen Dingen *gibt*, die die Macht besitzen, uns auf solche Weise zu beeindrucken, dass aber die Analyse dieser Macht einer Gedankentiefe vorbehalten bleibt, die jenseits der unsrigen liegt. Möglicherweise, so erwog ich, würde bereits eine etwas andere Anordnung der einzelnen Teile dieser Szenerie, der Details dieses Bildes, genügen, um ihre schmerzliche Eindrücklichkeit abzuschwächen, vielleicht sogar vollständig aufzuheben; dieser Eingebung folgend, lenkte ich mein Pferd an das steil abfallende Ufer eines schwarzen grässlichen Tümpels, der unbewegt und schimmernd in unmittelbarer Nähe des Hauses lag, und blickte hinab – doch mit einem Schaudern, heftiger noch als zuvor – angesichts der verzerrten und verkehrten Abbilder des grauen Riedgrases, der gespenstischen Baumstümpfe und der leeren, wie Augen starrenden Fenster.

Nichtsdestotrotz hatte ich die Absicht, in diesem Haus der Schwermut für mehrere Wochen meinen Aufenthalt zu nehmen. Sein Eigentümer, Roderick Usher, war in Kindertagen einer meiner liebsten Kameraden gewesen; doch seit unserer letzten Begegnung waren viele Jahre vergangen. Kürzlich allerdings hatte mich in einem entlegenen Teil des Landes ein Brief erreicht – ein Brief von ihm –, dessen ungestüm bedrängender Charakter keine andere als eine persönliche Antwort zuließ. Die Handschrift trug Anzeichen nervöser Erregung. Der Verfasser sprach von einer akuten körperlichen Erkrankung – von einer ihn niederdrückenden Geistesverwirrung – und von dem dringenden Wunsch, mich, als seinen besten und tatsächlich einzigen persönlichen Freund, bei sich zu sehen, mit der Aussicht darauf, in der Heiterkeit meiner Gesellschaft eine gewisse Lin-

derung seiner Leiden finden zu können. Es war die Art und
Weise, in der dies, und vieles andere, gesagt war – es war die
fühlbare *Herzensbedrängnis*, die in seiner Bitte mitschwang –,
die mir keinerlei Zögern erlaubte; und daher gehorchte ich unverzüglich dieser Aufforderung, so äußerst seltsam sie mir auch
vorkam.

Wir waren als Knaben zwar geradezu vertraute Gefährten gewesen, aber ich wusste im Grunde kaum etwas über meinen
Freund. Seine Zurückhaltung war schon immer außerordentlich
und gewohnheitsmäßig gewesen. Ich erinnerte mich jedoch, dass
seine sehr alte Familie seit undenklicher Zeit für eine eigentümliche Reizbarkeit des Temperaments bekannt gewesen war, die,
über Generationen hinweg, sich in vielen hochgelobten Kunst-
werken zeigte und die sich in jüngster Zeit in wiederholten
Akten großzügiger, doch unaufdringlicher Wohltätigkeit nieder-
schlug, ebenso wie in einer leidenschaftlichen Hingabe an die
Feinheiten – vielleicht sogar mehr noch als an die altbekannten
und leicht erkennbaren Schönheiten – der Musikwissenschaft.
Ich hatte auch von der sehr bemerkenswerten Tatsache gehört,
dass der Stamm der Ushers, so altehrwürdig er auch war, zu keiner Zeit einen dauerhaften Zweig hervorgebracht hatte; dass also,
mit anderen Worten, die gesamte Familie in einer direkten Ab-
stammungslinie lag und, mit sehr unbedeutenden und nur kurz-
zeitigen Abweichungen, allezeit gelegen hatte. Es war wohl dieser Mangel, so überlegte ich, während ich in Gedanken den per-
fekten Einklang zwischen dem Charakter der Besitzungen und
den offenkundigen Eigenheiten ihrer Bewohner konstatierte und
über den möglichen Einfluss nachsann, den im Lauf der Jahrhunderte das eine auf das andere ausgeübt haben mochte – es war
vielleicht eben dieser Mangel an Seitenlinien und die daraus folgende undurchbrochene Weitergabe des väterlichen Erbteils wie
des Namens an den Sohn, was beide schließlich so miteinander
verschmolzen hatte, dass der ursprüngliche Name des Anwesens

in der wunderlichen und doppeldeutigen Bezeichnung ›Haus Usher‹ aufgegangen war – einer Bezeichnung, die in den Köpfen des Landvolks, das sie verwendete, sowohl die Familie als auch den Familiensitz zu umfassen schien.

Ich erwähnte bereits, dass der einzige Effekt meines etwas kindischen Experiments – meines Hinabblickens in den Tümpel – der gewesen war, den ersten sonderbaren Eindruck noch zu verstärken. Es kann keinen Zweifel daran geben, dass das Bewusstsein der raschen Zunahme meines Aberglaubens – denn warum sollte ich ihn nicht so bezeichnen – in der Hauptsache dazu diente, eben diese Zunahme noch zu beschleunigen. Von solcher Art ist, wie ich seit Langem wusste, die paradoxe Gesetzmäßigkeit aller Empfindungen, die in Angst und Schrecken wurzeln. Und einzig dies mag der Grund dafür gewesen sein, dass, als ich meinen Blick von dem Abbild im Teich wieder hinauflenkte zum Haus selbst, in meinem Geist eine seltsame Einbildung heranwuchs – eine Einbildung, die in der Tat so lachhaft war, dass ich sie nur erwähne, um zu zeigen, wie kraftvoll-lebendig die Empfindungen waren, die mich bedrängten. Ich hatte meine Einbildungskraft so sehr übersteigert, dass ich wirklich zu glauben begann, das Haus mitsamt dem Grundstück sei von einer nur ihm und seiner unmittelbaren Umgebung eigentümlichen Atmosphäre überhangen – einer Atmosphäre, die keinerlei Ähnlichkeit mit der Himmelsluft hatte, sondern die heraufgequollen war aus den abgestorbenen Bäumen, den grauen Mauern und dem schweigsamen Tümpel – ein abscheulicher, mystischer Dunst, trüb, träge, kaum merklich und bleiern.

Von meinem Geist abschüttelnd, was ein Traum gewesen sein *musste*, untersuchte ich nun eingehender das wirkliche Aussehen des Gebäudes. Seine auffälligste Eigenschaft schien sein ungeheures Alter zu sein. Der Farbverlust über die Jahrhunderte war beträchtlich. Winzige Pilze hatten sich über die gesamte Fassade ausgebreitet und hingen in feinmaschigem Geflecht von den

Traufen. Doch all dies verriet noch keinen außergewöhnlichen Verfall. Kein Teil des Mauerwerks war eingestürzt; und es schien ein krasser Widerspruch zu bestehen zwischen der noch immer vorhandenen Passgenauigkeit der Teile und dem bröckeligen Zustand der einzelnen Steine. Vieles daran erinnerte mich an die trügerische Unversehrtheit alter Holzarbeiten, die lange Jahre in irgendeinem vergessenen Gewölbe vor sich hinmoderten, ohne dass je ein Lufthauch von draußen sie störte. Außer diesen Anzeichen fortgeschrittenen Verfalls jedoch besaß das Haus nur wenige Merkmale von Baufälligkeit. Vielleicht noch hätte das Auge eines scharf prüfenden Betrachters einen kaum wahrnehmbaren Riss entdecken können, der, ausgehend vom Dach des Gebäudes, an der Frontseite im Zickzack die Mauer hinunterlief, bis er sich in den trüben Wassern des Tümpels verlor.

Während ich noch all dies in mich aufnahm, ritt ich über einen kurzen Dammweg zum Haus. Ein schon bereitstehender Diener übernahm mein Pferd, und ich betrat den gotischen Bogengang der Halle. Ein Kammerdiener mit schleichendem Schritt begleitete mich schweigend durch viele dunkle und verschlungene Gänge auf meinem Weg zum *Studio* seines Herrn. Vieles, dem ich unterwegs begegnete, trug, ich weiß nicht wie, dazu bei, jene vagen Empfindungen, von denen ich schon gesprochen habe, zu verstärken. Wenngleich die Dinge um mich her – wenngleich die Schnitzereien an den Deckentäfelungen, die düsteren Teppiche an den Wänden, der ebenhölzerne Schwärze der Fußböden und die phantasmagorischen Wappenschilde, die rasselten, als ich vorüberschritt, nichts anderes als die Dinge waren oder ihnen doch wenigstens glichen, an die ich mich schon seit Kindertagen gewöhnt hatte – wenngleich ich nicht zögerte anzuerkennen, wie vertraut dies alles war –, so stellte ich doch mit Verwunderung fest, wie unvertraut die Vorstellungen waren, die von solch gewöhnlichen Bildern hervorgerufen wurden. Auf einer der Treppen begegnete ich dem Hausarzt der Familie. In seinem Gesichtsausdruck, so schien es mir, mischten sich niedere Durchtriebenheit und Verblüffung. Er grüßte mich unruhig und ging vorüber. Der Kammerdiener öffnete nun eine Tür und entließ mich in die Gegenwart seines Herrn.

Der Raum, in dem ich mich befand, war sehr groß und überaus hoch. Die Spitzbogenfenster waren lang und schmal und befanden sich so weit oberhalb des schwarzen Eichenfußbodens, dass sie vom Inneren aus allesamt unerreichbar sein mussten. Schwache Schimmer tiefroten Lichts bahnten sich ihren Weg durch die vergitterten Scheiben und ließen die markanteren Gegenstände ringsumher ausreichend deutlich erkennbar werden; doch mühte sich das Auge vergebens, in die entfernteren Winkel des Zimmers oder die Vertiefungen der gewölbten und gitterartig verzierten Decke vorzudringen. Dunkle schwere Vorhänge bedeckten die Wände. Die allgemeine Einrichtung war üppig, unbehaglich, altertümlich und zerschlissen. Eine Menge Bücher und Musikinstrumente lagen verstreut umher, doch auch sie vermochten nicht, die Szenerie zu beleben. Ich fühlte, dass ich eine Atmosphäre des Leids atmete. Ein Hauch von ernster, tiefer und unauslöschlicher Schwermut hing über allem, durchdrang alles.

Als ich eintrat, erhob sich Usher von einem Sofa, auf dem er lang ausgestreckt gelegen hatte, und begrüßte mich mit einer lebhaften Wärme, die, so schien es mir zunächst, vieles von einer übertriebenen Herzlichkeit an sich hatte – von dem erzwungenen Bemühen des *ennuyé* Mannes von Welt. Doch ein Blick in sein Gesicht überzeugte mich von seiner völligen Aufrichtigkeit. Wir setzten uns; und einige Augenblicke lang, während derer er schwieg, betrachtete ich ihn mit einem halb mitleidigen, halb ehrfürchtig-scheuen Gefühl. Wahrlich, nie zuvor hatte ein Mensch sich in so kurzer Zeit so schrecklich verändert wie Roderick Usher! Nur mit Mühe konnte ich mich dazu überwinden, die Identität dieses bleichen Geschöpfs dort vor mir mit dem Gefährten meiner frühen Kindheit zuzugeben. Der Charakter seiner Gesichtszüge war doch seit jeher bemerkenswert gewesen. Eine leichenhafte Blässe der Haut; ein Paar großer, glänzender und unvergleichlich leuchtender Augen; Lippen, recht schmal und sehr bleich, aber von ausnehmend schönem Schwung; eine Nase von grazilem hebräischen Schnitt, doch mit für eine solche Form ungewöhnlich breiten Nüstern; ein zart gestaltetes Kinn, dessen geringes Hervorragen einen Mangel an Charakterstärke verriet; Haare von spinnwebhafter Weichheit und Feinheit; diese Merkmale, verbunden mit einer übermäßigen Wölbung oberhalb der Schläfenpartien, fügten sich zusammen zu einem Antlitz, das nicht leicht zu vergessen war. Und nun hatte die schiere Übersteigerung des vorherrschenden Charakters dieser Merkmale und des Ausdrucks, den sie gewöhnlich vermittelten, so viel mit einer Verwandlung gemein, dass ich mich fragte, mit wem ich eigentlich sprach. Vor allem die jetzt gespenstische Blässe der Haut und der jetzt übernatürliche Glanz der Augen erschreckten, ja ängstigten mich. Auch hatte das seidige Haar ungehemmt wachsen dürfen, und wie es da als wirres hauchdünnes Gespinst das Gesicht mehr umfloss als umrahmte, konnte ich selbst beim besten Willen dessen arabeskenhaften Ausdruck nicht in Einklang bringen mit irgendeinem Begriff des Nur-Menschlichen.

Im Betragen meines Freundes fiel mir sogleich eine gewisse Sprunghaftigkeit auf – eine Unbeständigkeit; und ich bemerkte bald, dass sie von einer Reihe kläglicher und vergeblicher Anstrengungen herrührte, ein gewohnheitsmäßiges Zittern – eine ausufernde nervöse Erregung zu unterdrücken. Ich war allerdings auf etwas Derartiges gefasst gewesen, ebenso sehr durch seinen Brief wie durch meine Erinnerungen an bestimmte Wesenszüge des Knaben und durch Schlussfolgerungen, die sich aus seinem eigentümlichen Körperbau und seinem Temperament ergaben. Sein Gebaren war abwechselnd lebhaft und mürrisch. Seine Stimme schwankte jäh zwischen einer zitternden Unentschlossenheit (wenn die Lebensgeister vollkommen in der Schwebe schienen) und jener kraftvollen Bestimmtheit – jener abrupten, gewichtigen, gemessenen und hohltönenden Aussprache – jenen bleiernen, ausgewogenen und tadellos modulierten kehligen Lauten, wie man sie bei einem besinnungslos Betrunkenen oder einem tiefberauschten Opiumesser in den Phasen höchster Erregung beobachten kann.

So also sprach er vom Zweck meines Besuchs, von seinem dringenden Wunsch, mich zu sehen, und von dem trostreichen Einfluss, den er sich von mir erwartete. Nach einer Weile kam er auf das zu sprechen, was er für die Natur seiner Krankheit hielt. Es sei, sagte er, ein körperlich bedingtes Übel, das in der Familie liege, ein Übel, für das ein Heilmittel zu finden er die Hoffnung aufgegeben habe – nichts weiter als eine nervöse Angegriffenheit, fügte er sogleich hinzu, die zweifellos bald vorübergehen werde. Sie äußere sich in einer Heerschar unnatürlicher Empfindungen. Einige derselben, die er mir nun beschrieb, interessierten und verwirrten mich, wenn auch die Wortwahl und die allgemeine Erzählweise ihr Übriges dazu beigetragen haben mochten. Er litt schwer unter einer krankhaften Verfeinerung der Sinne; nur die fadesten Speisen waren ihm erträglich; als Kleidung konnte er nur ganz bestimmte Stoffe tragen; jeglicher Blumenduft war ihm zuwider; selbst das schwächste Licht quälte seine Augen; und es gab nur wenige, besondere Geräusche, lediglich Klänge von Saiteninstrumenten, die ihn nicht mit Entsetzen erfüllten.

Ich sah, dass er einem absonderlichen Schrecken sklavisch unterworfen war. »Ich werde zugrunde gehen«, sagte er, »ich *muss* zugrunde gehen an dieser beklagenswerten Narrheit. So, so und nicht anders werde ich untergehen. Ich fürchte die Geschehnisse der Zukunft, zwar nicht sie selbst, wohl aber ihre Auswirkungen. Ich schaudere bei dem Gedanken an irgendein Ereignis, und sei es noch so unbedeutend, das sich auf die unerträgliche Erregung meiner Seele auswirken könnte. Ich schrecke wirklich nicht vor der Gefahr zurück, sondern vor ihrer unvermeidlichen Wirkung – vor dem Grauen. In diesem nervlich zerütteten – in diesem jämmerlichen Zustand – fühle ich, dass früher oder später die Zeit kommen wird, da ich beides, Vernunft und Leben, zugleich hingeben muss in irgendeinem Kampf mit der grimmigen Schreckgestalt FURCHT.«

Überdies erfuhr ich, nach und nach und durch bruchstückhafte, unbestimmte Andeutungen, noch von einem anderen sonderbaren Zug seiner geistigen Verfassung. Er war gefangen in gewissen abergläubischen Vorstellungen hinsichtlich des Hauses, das er bewohnte und das er schon seit vielen Jahren nicht mehr zu verlassen gewagt hatte – eines Einflusses wegen, dessen vorgebliche Wirkkraft er mir in so schattendunklen Worten mitteilte, dass ich sie hier nicht wiedergeben kann – ein Einfluss, den einige Eigentümlichkeiten der bloßen Gestalt und des Materials seines Stammhauses, infolge zu langer Duldung, wie er sagte, auf seinen Geist erlangt hatten – eine Wirkung, die das *Physische* der grauen Mauern und Türme und auch des dunklen Tümpels, in den sie alle hinabstarrten, schließlich auf das *Geistig-Seelische* seiner Existenz ausübte.

Er gab jedoch, wenn auch nur zögernd, zu, dass ein großer Teil dieser seltsamen Schwermut, unter der er litt, einer natürlicheren, gewissermaßen weitaus handgreiflicheren Ursache zugeschrieben werden könne – nämlich der schweren und langwährenden Krankheit – ja der offenbar nahenden Auflösung – einer zärtlich geliebten Schwester – der einzigen Gefährtin während langer Jahre – seiner letzten und einzigen Verwandten auf Erden. Ihr Hinscheiden, sagte er mit einer Bitterkeit, die ich nie vergessen kann, würde ihn (ihn, den Hoffnungslosen, den Schwächlichen) als den Letzten des alten Geschlechts der Ushers zurücklassen. Noch während er sprach, schritt Lady Madeline (denn dies war ihr Name) langsam durch einen entlegenen Teil des Gemachs und, ohne meine Anwesenheit bemerkt zu haben, verschwand. Ich betrachtete sie mit äußerstem Erstaunen, das nicht ganz frei war von Furcht – und doch wäre es mir unmöglich gewesen, solcherlei Empfinden zu erklären. Ein Gefühl der Benommenheit durchfloss mich, da meine Augen ihren entschwebenden Schritten folgten. Als sich endlich eine Tür hinter ihr schloss, suchte mein Blick instinktiv und begierig das Antlitz des Bruders – aber er hatte das Gesicht in den Händen vergraben, und ich konnte nur wahrnehmen, dass eine weit mehr als gewöhnliche Blässe seine abgemagerten Finger überzogen hatte, durch die viele leidenschaftliche Tränen sickerten.

Die Krankheit der Lady Madeline hatte seit Langem die Fähigkeiten ihrer Ärzte genarrt. Eine beständige Apathie, ein langsames Dahinwelken und häufige, wenn auch vorübergehende Anfälle von teilweise kataleptischem Charakter, so lautete die sonderbare Diagnose. Bisher hatte die Lady standhaft dem Ansturm der Krankheit getrotzt und sich nicht endgültig an die Zuflucht des Bettes fesseln lassen; doch in der Abenddämmerung des Tages meiner Ankunft im Haus erlag sie (so berichtete mir ihr Bruder noch nachts in unsagbarer Erregung) der niederringenden Macht des Zerstörers; und ich erkannte, dass jener flüchtige Blick, den ich von ihrer Gestalt hatte erhaschen können, wohl auch der letzte mir gewährte war – dass ich die Lady, zumindest solange sie noch lebte, nicht wiedersehen würde.

In den nächsten Tagen wurde ihr Name weder von Usher noch von mir erwähnt; und während dieser Zeit war ich in ernsthaftem Bemühen davon in Anspruch genommen, die Schwermütigkeit meines Freundes zu lindern. Wir malten und lasen gemeinsam; oder ich lauschte wie traumverloren den wilden Improvisationen seines ausdrucksstarken Gitarrenspiels. Und so, während eine innige und noch inniger werdende Vertrautheit mich immer vorbehaltloser eindringen ließ in die verwinkelten Tiefen seiner Seele, erkannte ich umso schmerzlicher die Vergeblichkeit aller Versuche, ein Gemüt zu erheitern, das von Dunkelheit wie von einem ihm zugehörigen fassbar Wirklichen schier überfloss und alle Dinge des geistigen und stofflichen Universums unaufhörlich mit Strahlen der Schwermut bedeckte.

Auf ewig werde ich eine Erinnerung mit mir herumtragen an die vielen feierlich-ernsten Stunden, die ich so allein mit dem Herrn des Hauses Usher verbrachte. Doch würde mir jeder Versuch misslingen, einen Begriff von dem Charakter der Studien oder der Beschäftigungen zu geben, in die er mich einbezog oder zu denen er mich anleitete. Seine übertriebene und höchst unbändige Vergeistigtheit warf einen schwefligen Glanz über alles. Seine langen improvisierten Grabgesänge werden mir für immer in den Ohren klingen. Neben anderem hält sich in meinem Gedächtnis schmerzhaft eine seltsame Verkehrung und Verstärkung des letzten Walzers aus der Feder von Webers. Von den Gemälden, die seine blühende Phantasie ausbrütete und die, Strich für Strich, in Verschwommenheiten hineinwuchsen, vor denen ich umso heftiger schauderte, da ich schauderte, ohne das Warum zu kennen – von diesen Gemälden (so lebhaft sie mir nun auch vor Augen stehen) mehr wiederzugeben als einen kleinen Teil, der in Reichweite der bloß geschriebenen Worte liegen müsste, würde ich mich vergeblich bemühen. Durch die äußerste Einfachheit, ja die Nacktheit seiner Bilder fesselte er, erzwang er die Aufmerksamkeit. Wenn je ein Sterblicher eine Idee gemalt hat, so war dieser Sterbliche Roderick Usher. Zumindest für mich entstieg – unter den damals herrschenden Umständen – den reinen Abstraktionen, die der Hypochonder auf seine Leinwand zu werfen verstand, ein überwältigendes und unerträgliches ehrfurchtgebietendes Gefühl, wie ich es nicht einmal ansatzweise hatte empfinden können bei der Betrachtung der sicherlich glühenden, aber doch allzu konkreten Träumereien Fuselis.

Einer der phantasmagorischen Entwürfe meines Freundes, der nicht ganz so streng dem Geist der Abstraktion verhaftet war, mag hier als Schattenriss nachgezeichnet werden, wenn auch kläglich. Ein kleines Bild zeigte das Innere eines ungeheuer langen und rechtwinkligen Gewölbes oder Tunnels, mit niedrigen Mauern, glatt, weiß und ohne jegliche Unterbrechung oder Verzierung. Gewisse zusätzliche Details in der Bildgestaltung riefen glaubhaft den Eindruck hervor, dass dieser Höhlengang sich unermesslich tief unterhalb der Erdoberfläche befand. An keiner Stelle des sich weithin erstreckenden Gebildes war ein Ausgang zu sehen, und keine Fackel oder andere künstliche Lichtquelle war erkennbar; dennoch durchfluteten überhelle Strahlen das Ganze und tauchten es in einen gespenstischen und unangemessenen Glanz.

Ich habe schon vorhin von dem krankhaften Zustand der Gehörnerven gesprochen, der dem Leidenden alle Musik unerträglich machte, mit Ausnahme gewisser Klangwirkungen von Saiteninstrumenten. Vielleicht waren es die engen Beschränkungen, denen er sich deshalb beim Gitarrenspiel unterwarf, die seinen Darbietungen solch phantastischen Charakter verliehen. Aber die feurige *Leichtigkeit* seiner *Impromptus* ließ sich dadurch nicht erklären. Diese müssen – und waren es, sowohl was die Noten als auch was die Worte anbetraf (denn nicht selten begleitete er sein Spiel mit improvisierten Versgesängen) – das Resultat jener intensiven geistigen Gesammeltheit und Konzentration gewesen sein, von der ich schon früher erwähnte, dass sie nur in besonderen Augenblicken höchster künstlerischer Erregung bemerkbar war. Die Worte einer dieser Rhapsodien sind mir besonders gut im Gedächtnis geblieben. Sie machten, als er sie vortrug, vielleicht deshalb einen umso heftigeren Eindruck auf mich, weil ich mir einbildete, in der geheimnisvollen Unterströmung ihrer Bedeutung, und zwar zum ersten Mal, zu bemerken, dass Usher ein klares Bewusstsein davon hatte, dass seine erhabene Vernunft auf ihrem Thron ins Wanken geraten war. Die Verse, betitelt als ›Das Geisterschloss‹, lauteten fast genau, wenn nicht gar wörtlich, so:

I.

In der Täler grünstem Tale
    Hat, von Engeln einst bewohnt,
Gleich des Himmels Kathedrale
    Golddurchstrahlt ein Schloss gethront.
Rings auf Erden diesem Schlosse
    Keines glich;
Herrschte dort mit reichem Trosse
    Der Gedanke – königlich.

II.

Gelber Fahnen Faltenschlagen
    Floß wie Sonnengold im Wind;
(Ach, es war in alten Tagen,
    Die nun längst vergangen sind)
Damals kosten süße Lüfte
    Lind den Ort,
Zogen als beschwingte Düfte
    Von des Schlosses Wällen fort.

III.

Wandrer in dem Tale schauten
    Durch der Fenster lichten Glanz,
Geister zu dem Sang der Lauten
    Schreiten in gemessnem Tanz
Um den Thron, auf dem erhaben,
    (Porphyrogen!)
Würdig solcher Weihegaben
    War des Reiches Herr zu sehn.

IV.

Von Perlen und Rubinen glutend
    War des stolzen Schlosses Tor,

Ihm entschwebten flutend, flutend
   Frohe Echos, die im Chor,
Weithin klingend, froh besangen,
   Süße Pflicht,
Ihres Königs hehres Prangen
   In der Weisheit Himmelslicht.

V.

Doch Dämonen, schwarze Sorgen,
   Stürzten roh des Königs Thron;
(Ach, lasst uns trauern, denn kein Morgen
   Wird ihm gleißend mehr zum Lohn!)
Was da blühte, was da glühte,
   Herrlichkeit,
Eine welke Märchenblüte
   Ist's aus längst begrabner Zeit.

VI.

Und durch glutenrote Fenster
   Werden heute Wandrer sehn
Ungeheure Wahngespenster
   Grauenhaft im Tanz sich drehn;
Aus dem Tor in wilden Wellen,
   Wie ein Meer,
mit Lachen ekle Geister quellen –
   doch Lächeln zeigt sich nimmermehr!

Ich entsinne mich gut, dass wir durch Anregungen, die sich aus dieser Ballade ergaben, auf einen Gedankengang gebracht wurden, in dessen Folge eine seltsame Ansicht Ushers zutage kam, die ich weniger wegen ihrer Neuheit (denn andere* haben bereits solches

---

* Watson, Dr. Percival, Spallanzani und besonders der Bischof von Landaff. – Siehe ›Chemical Essays‹, Bd. V.

gedacht) als wegen der Beharrlichkeit erwähne, mit der Usher sie verfocht. Diese Ansicht bestand, ihrer allgemeinen Fassung nach, in der Annahme einer Beseeltheit der gesamten Pflanzenwelt. Doch in seiner verworrenen Phantasie hatte diese Vorstellung einen verwegeneren Charakter angenommen und dehnte sich, unter bestimmten Bedingungen, auch auf das Reich des Anorganischen aus. Mir fehlen die Worte, um das volle Ausmaß seiner Überzeugung oder die ernste *Hingabe*, mit der er sie vertrat, zu beschreiben. Jedenfalls hing dieser Glaube (wie ich schon früher andeutete) mit den grauen Steinen des Hauses seiner Vorväter zusammen. Die Voraussetzungen für jene Beseeltheit waren hier, wie er sich einbildete, erfüllt durch die methodische Anordnung dieser Steine – durch die Art und Weise ihrer Schichtung ebenso wie durch das Geflecht der vielen Pilze, das sie überwucherte, und die abgestorbenen Bäume, die das Haus umstanden – vor allem jedoch durch das lange Zeit ungestörte Fortdauern des Ganzen und seine Verdoppelung in den stillen Wassern des Tümpels. Ihr Beweis – der Beweis dieser Beseeltheit – sei, so sagte er (und hier schreckte ich auf, noch während er sprach), erkennbar in der langsamen, aber unleugbaren Verdichtung einer ihnen eigenen Atmosphäre, die sich über Wasser und Mauerwerk legte. Das Resultat zeige sich, fügte er hinzu, in jenem schleichenden, doch drängenden und schrecklichen Einfluss, der seit Jahrhunderten die Geschicke seiner Familie geprägt und der *ihn* zu dem gemacht habe, was ich nun vor mir sah – was er war. Solche Anschauungen bedürfen keines Kommentars, und ich werde auch keinen geben.

Unsere Bücher – die Bücher, die über Jahre einen nicht geringen Teil der geistigen Existenz des Kranken ausgemacht hatten – standen, wie man sich denken kann, in striktem Einklang mit dieser Art von Phantastik. Wir brüteten gemeinsam über solchen Werken wie ›Vert-Vert‹ und ›La Chartreuse‹ von Gresset, ›Belphegor‹ von Machiavelli; ›Himmel und Hölle‹ von Swedenborg; ›Die unterirdische Reise des Nikolas Klim‹ von Holberg;

den Chiromantien von Robert Fludd, von Jean d'Indaginé und de la Chambre; ›Reise ins Blaue hinein‹ von Tieck; und dem ›Sonnenstaat‹ von Campanella. Ein bevorzugter Band war eine kleine Oktav-Ausgabe des *Directorium Inquisitorium* des Dominikaners Eymeric de Gironne; und es gab Stellen bei Pomponius Mela über die alten afrikanischen Satyrn und Aegipane, über denen Usher stundenlang träumend sitzen konnte. Sein größtes Vergnügen fand er jedoch in der aufmerksamen Lektüre eines äußerst seltenen und merkwürdigen gotischen Quartbandes – des Handbuchs einer vergessenen Kirche – der *Vigiliae Mortuorum secundum Chorum Ecclesiae Maguntinae*.

Ich musste unwillkürlich an das seltsame Ritual dieses Werkes und seinen wahrscheinlichen Einfluss auf den Hypochonder denken, als er mir eines Abends, nach der abrupten Nachricht, Lady Madeline sei nicht mehr, seine Absicht mitteilte, ihren Leichnam vierzehn Tage lang (bis zu seiner endgültigen Bestattung) in einem der zahlreichen Gewölbe innerhalb der Grundmauern des Gebäudes aufzubewahren. Der rein äußerliche Grund jedoch, den er für dieses eigenartige Vorgehen angab, war von solcher Art, dass ich mich nicht berechtigt fühlte, darüber zu diskutieren. Der Bruder war (wie er mir sagte) in Anbetracht der ungewöhnlichen Art der Krankheit der Verstorbenen sowie infolge gewisser drängender und eifriger Nachfragen vonseiten ihrer Ärzte und infolge der entfernten und ungeschützten Lage des Familienfriedhofs zu seinem Entschluss bewogen worden. Ich will nicht leugnen, dass, wenn ich mir das sinistre Antlitz des Mannes ins Gedächtnis rief, dem ich am Tag meiner Ankunft im Haus auf der Treppe begegnet war, ich keinerlei Lust verspürte, einer Sache zu widersprechen, die ich höchstens als eine harmlose und keineswegs unnatürliche Vorsichtsmaßnahme ansah.

Auf Bitten Ushers war ich ihm bei den Vorkehrungen für die vorläufige Bestattung behilflich. Nachdem der Leichnam eingesargt worden war, trugen wir beide allein ihn zu seiner Ruhe-

stätte. Das Gewölbe, in das wir ihn brachten (und das so lange
. nicht geöffnet worden war, dass unsere Fackeln in der drückenden Luft halb erstickten und uns kaum Möglichkeit gaben, es zu
erkunden), war eng, dumpfig und besaß keinerlei Öffnung, die
Licht hätte einlassen können; es lag in beträchtlicher Tiefe, exakt
unter jenem Teil des Gebäudes, in dem sich mein eigenes Schlafzimmer befand. Offensichtlich war es in fernen Zeiten der Feu-
dalherrschaft zu den übelsten Zwecken als Burgverlies verwendet worden und hatte später als Lagerraum für Schießpulver oder
sonst einen höchst feuergefährlichen Stoff gedient, denn ein Teil
seines Bodens sowie das ganze Innere eines langen Bogengangs,
durch den wir es erreicht hatten, waren sorgfältig mit Kupfer aus-
gekleidet. Die Tür aus massivem Eisen war in ähnlicher Weise
gesichert worden. Ihr ungeheures Gewicht verursachte ein ungewöhnlich scharfes kreischendes Geräusch, als sie sich in den Angeln bewegte.

Nachdem wir unsere traurige Bürde an diesem Ort des Grauens auf Böcken abgesetzt hatten, schoben wir den noch unver-
schraubten Deckel des Sargs ein wenig zur Seite und betrachte-
ten das Gesicht der Bewohnerin. Als Erstes fesselte eine verblüffende Ähnlichkeit zwischen Bruder und Schwester meine
Aufmerksamkeit; und Usher, vielleicht meine Gedanken erah-
nend, murmelte einige wenige Worte, denen ich entnahm, dass
die Verstorbene und er Zwillinge gewesen waren und dass schon
immer schwerlich begreifbare Sympathien zwischen ihnen exis-
tiert hatten. Unsere Blicke ruhten jedoch nicht lange auf der Toten – denn wir konnten sie nicht ohne ehrfürchtige Scheu betrachten. Das Leiden, dem die Lady in der Blüte der Jugend erlegen
war, hatte, wie es bei Erkrankungen ausgesprochen kataleptischen
Charakters gewöhnlich der Fall ist, gleichsam höhnisch eine
schwache Röte auf Busen und Antlitz zurückgelassen und um die
Lippen jenes trügerisch dauernde Lächeln, das so entsetzlich ist
bei Toten. Wir setzten den Deckel wieder auf und schraubten ihn

fest, und nachdem wir die Eisentür verschlossen hatten, gingen wir mühevoll unseren Weg hinauf in die kaum weniger düsteren Räumlichkeiten im darüberliegenden Teil des Hauses.

Und nun, einige Tage bittersten Kummers waren verstrichen, zeigte sich eine deutliche Veränderung in den Merkmalen der geistigen Störung meines Freundes. Sein bisher gewohntes Gebaren war verschwunden. Seine üblichen Beschäftigungen wurden vernachlässigt oder vergessen. Er streifte umher von Zimmer zu Zimmer mit hastendem, unstetem, ziellosem Schritt. Die Blässe auf seinem Gesicht hatte womöglich einen noch gespenstischeren Farbton angenommen – der feurige Glanz seiner Augen jedoch war gänzlich erloschen. Die vormals gelegentliche Rauheit seiner Stimme war nicht mehr zu hören; und ein ungleichmäßiges furchtsames Zittern, wie von äußerstem Entsetzen, lag nun gewöhnlich in seinen Worten. Es gab tatsächlich Momente, in denen mir sein unausgesetzt erregter Geist mit irgendeinem drückenden Geheimnis beschäftigt schien, das preiszugeben er noch um den nötigen Mut rang. Dann wieder war ich gezwungen, alles den völlig unerklärlichen Launen des Wahnsinns zuzuschreiben, denn ich sah ihn stundenlang mit dem Ausdruck tiefster Aufmerksamkeit ins Leere starren, so als lausche er irgendeinem eingebildeten Geräusch. Es war kein Wunder, dass sein Zustand mich entsetzte – dass er mich ansteckte. Ich fühlte, wie seine phantastischen und doch eindrücklichen Wahngebilde schleichend, aber unbestreitbar auch von mir Besitz ergriffen.

Ganz besonders in der Nacht des siebten oder achten Tages, nachdem wir Lady Madeline in das Verlies gebracht hatten, erfuhr ich beim späten Zubettgehen die ganze Macht dieser Empfindungen. Der Schlaf wollte nicht an mein Lager treten – während Stunde um Stunde verging. Ich mühte mich, der Nervosität, die mich beherrschte, durch vernünftiges Denken Herr zu werden. Ich suchte mich zu überzeugen, dass vieles, wenn nicht gar alles, was ich fühlte, dem beklemmenden Einfluss der Zimmereinrichtung zuzuschreiben sei – den dunklen und zerschlissenen Wandvorhängen, die, vom Atem eines nahenden Sturms in Bewegung versetzt, stoßweise hin und her schwangen und ruhelos an den Verzierungen des Bettes raschelten. Doch meine Versuche blieben fruchtlos. Ein ununterdrückbares Beben durchfuhr allmählich meinen Körper; und schließlich drückte der Alp einer vollständig grundlosen Angst auf mein Herz. Keuchend und mich windend schüttelte ich ihn ab, richtete mich in den Kissen auf und lauschte, angestrengt in das undurchdringliche Dunkel des Zimmers spähend – ich weiß nicht weshalb, außer dass ein Instinkt mich dazu zwang –, auf gewisse leise, unbestimmbare Laute, die, sobald der Sturm innehielt, in langen Abständen zu mir drangen, ich wusste nicht woher. Überwältigt von einem ungeheuren Gefühl des Entsetzens, so unerklärlich wie unerträglich, warf ich mich hastig in meine Kleider (denn ich fühlte, dass ich in dieser Nacht doch keinen Schlaf finden würde) und versuchte, mich aus dem erbärmlichen Zustand, in den ich gefallen war, herauszuheben, indem ich rasch im Zimmer auf- und ablief.

Ich hatte erst einige Runden in dieser Weise hinter mich gebracht, als ein leichter Schritt auf der nahen Treppe mich aufhorchen ließ. Ich erkannte ihn sogleich als Ushers. Einen Augenblick später klopfte er, ganz sachte nur, an meine Tür und trat ein, eine Lampe in der Hand. Sein Antlitz war, wie gewöhnlich, leichenhaft blass – überdies jedoch blitzte eine Art wahnwitziger Ausgelassenheit in seinen Augen – lag eine offenbar mühsam gebändigte *Hysterie* in seinem Benehmen. Sein Aussehen entsetzte mich – doch war alles der Einsamkeit vorzuziehen, die ich so lange erduldet hatte, und ich begrüßte sein Kommen geradezu wie eine Erlösung.

»Und du hast es nicht gesehen?«, sagte er unvermittelt, nachdem er einige Augenblicke schweigend vor sich hingestarrt hatte – »du hast es also nicht gesehen? – Doch warte! Das sollst du!« Mit diesen Worten hastete er, indem er sorgsam seine Lampe beschirmte, hinüber zu einem der Fensterflügel und öffnete ihn mit einem Stoß freimütig dem Sturm.

Die rasende Wut der eindringenden Böe hätte uns fast zu Boden geworfen. Es war wirklich eine stürmische, doch grausam erhabene Nacht, wild und einzigartig in ihrem Schrecken, ihrer Schönheit. Ganz in unserer Nähe hatte offenbar ein Wirbelwind seine Kräfte gesammelt; denn häufig und stark wechselte der Wind die Richtung; die ungeheure Dichte der Wolken (die so tief hingen, als wollten sie die Giebel des Hauses erdrücken) hinderte uns nicht daran, zu bemerken, dass sie wie lebendig mit großer Geschwindigkeit aus allen Richtungen heranjagten und sich ineinanderstürzten, ohne sich jedoch in der Ferne zu verlieren. Ich sage, selbst ihre ungeheure Dichte hinderte uns nicht daran, dies zu bemerken – obwohl Mond oder Sterne nicht einmal flüchtig zu sehen waren – und auch kein Blitz das Dunkel überstrahlte. Doch glühten die unteren Flächen der ungeheuren Massen aufgewühlten Dampfs, ebenso wie alle irdischen Dinge, die uns unmittelbar umgaben, im unnatürlichen Licht einer schwach leuchtenden und deutlich sichtbaren gasartigen Ausdünstung, die das Haus überhing und umhüllte.

»Du sollst – du darfst dir das nicht ansehen!«, sagte ich schaudernd zu Usher, als ich ihn mit sanfter Gewalt vom Fenster weg zu einem Sessel führte. »Diese Erscheinungen, die dich verwirren, sind elektrische Phänomene und nicht einmal ungewöhnlich – oder vielleicht haben sie ihren gespenstischen Ursprung in den widerlich stinkenden Dämpfen des Tümpels. Lass uns den Fensterflügel schließen – die Luft ist kalt und nicht gut für dich. – Hier habe ich einen deiner Lieblingsromane. Ich lese vor, und du hörst zu – und so werden wir diese schreckliche Nacht gemeinsam überstehen.«

Der antike Band, den ich zur Hand genommen hatte, war der ›Mad Trist‹ von Sir Launcelot Canning; doch ich hatte ihn eher in traurigem Scherz als im Ernst ein Lieblingsbuch Ushers genannt; denn in Wahrheit findet sich in seiner ungehobelten und phantasielosen Weitschweifigkeit wenig, das für den erhabenen und nach hehren Idealen strebenden Geist meines Freundes von Interesse sein konnte. Es war jedoch das einzige Buch, das ich sofort zur Hand hatte; und ich hegte eine vage Hoffnung, dass die Erregung, die nun den Hypochonder bestürmte, Linderung finden würde (denn die Geschichte geistiger Zerrüttung ist voll von solchen Widersprüchen) gerade in diesem Übermaß an Verrücktheiten, das ich vortragen wollte. Hätte ich tatsächlich nach dem wilden, überanstrengten Anschein der Lebhaftigkeit urteilen dürfen, mit der er den Worten der Erzählung lauschte, oder zu lauschen schien, so hätte ich mir wirklich zu dem Erfolg meines Versuchs gratulieren können.

Ich war bei der allbekannten Stelle der Geschichte angelangt, wo Ethelred, der Held des ›Trist‹, nachdem er vergeblich versucht hat, auf friedlichem Weg Einlass in die Hütte des Eremiten zu finden, sich anschickt, den Eintritt mit Gewalt zu erzwingen. Hier lautet der Text, wie man sich erinnern wird, so:

»Und Ethelred, der von Natur aus mannhaften Herzens und nun obendrein noch mächtig war, dank der Stärke des Weins, den er getrunken, begnügte sich nicht länger, mit dem Eremiten zu verhandeln, der wahrlich störrisch und boshaft war, sondern schwang, da er den Regen schon auf seinen Schultern fühlte und das Heraufziehen des Sturms fürchtete, auf der Stelle seine Keule und schaffte mit einigen Schlägen schnell Raum in den Planken der Tür für seine eisengepanzerte Hand; und während er damit nun kräftig rüttelte, zerbrach und zerriss und zerfetzte er alles in Stücke, dass der Lärm des dürren, hohl krachenden Holzes den ganzen Wald durchgellte und darin widerhallte.«

Bei Beendigung dieses Satzes fuhr ich auf und hielt einen Moment lang inne; denn es kam mir so vor (obwohl ich sofort folgerte, dass meine erhitzte Phantasie mich getäuscht haben musste) – es kam mir so vor, als ob, aus einem weit entfernten Teil des Hauses und undeutlich nur, etwas an mein Ohr gedrungen wäre, das, so vollkommen ähnlich klang es, ein Echo hätte sein können (wenn auch freilich ein ersticktes und dumpfes) von jenem Zerbrechen und Reißen, das Sir Launcelot derart genau beschrieben hatte. Ohne jeden Zweifel war es allein das zeitliche Zusammentreffen, das meine Aufmerksamkeit gefesselt hatte; denn inmitten des Klapperns der Fensterläden und des tosenden Durcheinanders des immer noch stärker werdenden Sturms hatte der Laut selbst gewiss nichts an sich, das mich hätte interessieren oder verstören können. Ich fuhr in der Erzählung fort:

»Doch der wackere Held Ethelred, der jetzt durch die Tür hineintrat, war schmerzlich erzürnt und erstaunt, keine Spur des boshaften Eremiten zu entdecken; jedoch an seiner Statt einen Drachen, schuppig und gewaltig und mit feuriger Zunge, der wachte vor einem Palast aus Gold mit einem Boden aus Silber; und an der Mauer hing ein Schild aus schimmerndem Messing, dem diese Worte eingeschrieben waren:

Wer hier herein will dringen, den Drachen muss bezwingen;
Ein Held wird er sein, den Schild sich erringen.

Und Ethelred schwang seine Keule und schmetterte sie dem Drachen aufs Haupt, der vor ihm niederging und seinen giftigen Atem aushauchte, mit einem Schrei, so grässlich und schrill und durchdringend, dass Ethelred sich hätte die Ohren mit seinen Händen verschließen mögen vor dem furchtbaren Laut, desgleichen allüberall niemals zuvor gehört worden war.«

Hier hielt ich erneut abrupt inne, diesmal in einem Gefühl wilder Bestürzung – denn es konnte überhaupt keinen Zweifel geben, dass ich in diesem Augenblick tatsächlich etwas hörte (wenngleich es mir unmöglich war, die Richtung anzugeben, aus der es kam), ein leises und offenbar entferntes, doch schrilles, langgezogenes und ganz ungewöhnlich schreiendes oder kreischendes Geräusch – das exakte Gegenstück zu dem, was meine Einbildungskraft schon heraufbeschworen hatte als das unnatürliche Geschrei des Drachen, das der Dichter beschrieb.

So niedergedrückt ich sicherlich war von tausenderlei widerstreitenden Empfindungen, hervorgerufen durch dieses zweite und höchst seltsame Zusammentreffen und beherrscht von Erstaunen und äußerstem Entsetzen, so hatte ich mir dennoch genügend Geistesgegenwart bewahrt, um zu vermeiden, mit solchen Beobachtungen die nervöse Empfindlichkeit meines Gefährten noch zu schüren. Ich war keineswegs sicher, dass er die fraglichen Laute vernommen hatte; obschon allerdings während der letzten Minuten eine sonderbare Veränderung in seinem Verhalten eingetreten war. Hatte er mir anfangs noch direkt gegenübergesessen, so hatte er nach und nach seinen Stuhl so herumgedreht, dass er nun sein Gesicht der Zimmertür zuwandte; ich konnte daher seine Züge nur teilweise erkennen, doch ich sah, dass seine Lippen zitterten, als flüstere er unhörbar vor sich hin. Sein Kopf war ihm auf die Brust gesunken – aber ich wusste, dass er nicht schlief, denn wie mir ein flüchtiger Blick auf sein Profil verriet, waren seine Augen weit und starr geöffnet. Auch die Bewegtheit seines Körpers widersprach jener Annahme – denn er wiegte sich hin und her, mit einem sanften, aber stetigen und gleichförmigen Schaukeln. Dies alles rasch bemerkend, nahm ich nun die Erzählung Sir Launcelots wieder auf, die folgendermaßen weiterging:

»Und nun, da der Held der schrecklichen Wut des Drachen entronnen war, besann er sich auf den messingnen Schild und auf den darauf liegenden Zauber, den es zu brechen galt, räumte den Kadaver aus seinem Weg und schritt tapfer über das silberne Pflaster des Palastes hin zu dem Schild an der Wand; der fürwahr aber wartete nicht, bis er herangekommen war, sondern stürzte zu seinen Füßen auf den silbernen Boden nieder, mit mächtig großem, furchtbar schepperndem Getöse.«

Kaum waren diese Worte über meine Lippen gekommen, da vernahm ich – als wäre wirklich in diesem Augenblick ein Schild von Messing schwer auf einen silbernen Boden gestürzt – einen deutlichen, hohlen, metallisch scheppernden, aber scheinbar gedämpften Widerhall. Völlig entnervt sprang ich auf die Füße; doch Ushers gemessen schaukelnde Bewegung dauerte unbeirrt fort. Ich hastete zu dem Stuhl, auf dem er saß. Sein Blick war starr geradeaus gerichtet, und steinerne Härte beherrschte seine Züge. Aber als ich meine Hand auf seine Schulter legte, befiel ein heftiger Schauder seine ganze Gestalt; ein kränkliches Lächeln umzuckte seine Lippen; und ich sah, dass er leise, gehetzt und stammelnd vor sich hinmurmelte, so als wisse er nichts von meiner Anwesenheit. Mich tief zu ihm hinabbeugend, erfasste ich schließlich die grässliche Bedeutung seiner Worte.

»Es nicht hören? – ja, ich höre es, und ich *habe* es gehört. Lang – lang – lang – viele Minuten, viele Stunden, viele Tage habe ich es gehört – doch wagte ich nicht – oh, bedaure mich, erbärmlicher Schuft, der ich bin! – Ich wagte nicht – ich *wagte* nicht zu reden! *Wir haben sie lebendig ins Grab gelegt!* Sagte ich nicht, meine Sinne seien scharf? *Jetzt* sage ich dir, dass ich ihre ersten kläglichen Regungen im dumpfen Sarge hörte. Ich hörte sie – vor vielen, vielen Tagen schon – doch ich wagte nicht – *ich wagte nicht zu reden!* – Und jetzt – heute Nacht – Ethelred – ha! ha! – das Zerschmettern der Tür des Eremiten, der Todesschrei des Drachen, das Scheppern des Schildes! – sag doch gleich: das Bersten ihres Sargs, das Kreischen der eisernen Angeln ihrer Kerkertür, ihr mühevolles

Vorwärtstasten im kupfernen Gang des Gewölbes! Oh, wohin soll ich fliehen? Wird sie nicht gleich hier sein? Eilt sie nicht herbei, um mir meine Hast vorzuwerfen? Hab ich ihn nicht schon gehört, ihren Schritt auf der Treppe? Kann ich nicht bereits den schweren und schrecklichen Schlag ihres Herzens ausmachen? Wahnsinniger!« – hier sprang er wie rasend auf und schrie seine Silben heraus, als ließe er dabei seine Seele fahren – »*Wahnsinniger! Ich sage dir, genau jetzt steht sie draußen vor der Tür!*«

Als hätte sich in der übermenschlichen Energie seines Aufschreis die Macht eines Zaubers entfaltet – so öffneten im selben Augenblick die riesigen alten Türflügel, auf die der Sprecher wies, langsam ihre gewaltigen ebenhölzernen Kiefer. Es war das Werk des tosenden Sturms – draußen vor der Tür jedoch stand *leibhaftig* die hohe verhüllte Gestalt der Lady Madeline Usher. Blut war auf ihren weißen Gewändern, und die Spuren eines erbitterten Kampfes bedeckten jeden Teil ihres ausgezehrten Körpers. Sie blieb für einen Augenblick zitternd und taumelnd auf der Schwelle stehen – dann, mit einem leisen klagenden Schrei, sank sie schwer ins Zimmer an die Brust ihres Bruders, und in ihrem heftigen und nunmehr endgültigen Todeskampf riss sie ihn tot mit sich zu Boden – eine Leiche, und ein Opfer der Schrecken, die er vorausgeahnt hatte.

Ich floh aus jenem Zimmer und aus jenem Haus, gepackt von blankem Entsetzen. Noch immer tobte draußen der Sturm in all seiner Wut, als ich mich auf dem alten Dammweg wiederfand. Plötzlich schoss ein grell-wildes Licht den Pfad entlang, und ich wandte mich um, um zu sehen, woher ein so ungewöhnlicher Schimmer wohl kommen mochte; denn hinter mir lagen allein das riesige Haus und seine Schatten. Die Strahlen entstammten dem vollen, untergehenden und blutroten Mond, der jetzt hell durch den einst kaum erkennbaren Riss schien, der, wie ich schon vorher sagte, ausgehend vom Dach des Hauses, im Zickzack bis zu den Grundmauern lief. Noch während ich ihn anstarrte, weitete dieser

Riss sich ungemein rasch – ein grimmiger Stoß des Wirbelsturms rauschte heran – das volle Rund des Erdtrabanten brach auf einmal sichtbar hervor – mir drehte sich alles im Kopf, als ich die gewaltigen Mauern entzweibersten sah – ich hörte ein langes tosendes Brüllen, das der Stimme von tausend Wassern glich – und der tiefe und sumpfige Tümpel zu meinen Füßen schloss sich düster und schweigend über den Trümmern des ›Hauses Usher‹.

ANMERKUNGEN

DIE MORDE IN DER RUE MORGUE

et id genus omne – und dieses ganze Geschlecht

Perdidit antiquum litera prima sonum. – Der erste Buchstabe hat seinen ursprünglichen Klang verloren. (Ovid, *Fasti*)

métal d'Alger – Neusilber

robe de chambre ... pour mieux entendre la musique – der nach seinem Hausrock verlangte, um die Musik besser hören zu können

je les ménageais – hier so viel wie: Ich behandelte sie nachsichtig und behutsam, wie ein rohes Ei

neufchâtellisch – bäuerlich, provinziell

de nier ce qui est, et d'expliquer ce qui n'est pas – der leugnet, was ist, und erklärt, was nicht ist

DER UNTERGANG DES HAUSES USHER

Son cœur ... résonne. – Sein Herz ist eine schwebende Laute; sobald es berührt wird, ertönt es. (De Béranger, »Le Réfus«)